AF579914

LETTRE

ADRESSÉE A L'ABBÉ RAYNAL,

SUR LES AFFAIRES

DE L'AMERIQUE SEPTENTRIONALE.

LETTRE

ADRESSÉE A L'ABBÉ RAYNAL,

SUR LES AFFAIRES

DE L'AMERIQUE SEPTENTRIONALE,

Où l'on releve les erreurs dans lesquelles cet Auteur est tombé, en rendant compte de la Révolution d'Amérique.

Traduite de l'Anglois de M. THOMAS PAYNE, *M. A. de l'Université de Pensilvanie, auteur du Pamphlet intitulé* : le Sens commun & autres Ouvrages. *PHILADELPHIE.* 178[illegible]

1783.

INTRODUCTION.

ON a réimprimé à Philadelphie, & dans d'autres parties du Continent, une Traduction faite à Londres d'un Ouvrage original écrit en François par l'Abbé Raynal, dans lequel il traite de la révolution de l'Amérique septentrionale. Cet Auteur, à raison de la grande distance où il se trouvoit placé du théâtre de la guerre & du centre de la politique Américaine, s'étant souvent trompé, non-seulement dans l'exposition des faits, mais encore dans l'interprétation des causes & des principes qui les produisirent ; on publie le Traité suivant, dans la vue de relever des erreurs qui, bien qu'accidentelles, ne doivent jamais altérer la vérité de l'Histoire, & que le temps & le silence pourroient consacrer.

L'Editeur de Londres a intitulé l'ouvrage qu'il publie : *la Révolution de l'Amérique, par l'Abbé Raynal*, & les Imprimeurs Américains ont suivi cet exemple. Mais j'ai pensé, & je ne crois pas m'être trompé dans mes conjectures, que ce morceau, qui seroit mieux intitulé Réflexions ſur la Révolution, avoit été dérobé à l'Imprimeur de l'Abbé Raynal, ou extrait frauduleuſement de ſon propre manuſcrit : & qu'il faiſoit partie d'un Ouvrage plus conſidérable, alors ſous preſſe, ou deſtiné à l'impreſſion. L'Auteur du vol paroît avoir été un Anglois, & quoique dans une préface qui précéde l'édition de Londres, il ſe ſoit efforcé d'excuſer & d'adoucir cette infidélité par des proteſtations de patriotiſme, & par les louanges qu'il prodigue à l'Auteur; ſon action, ſous quelque point de vue qu'on la conſidère, n'en eſt pas moins injuſte & impardonnable.

« Dans le cours de ſes voyages, dit-il, le Tra-
» ducteur fut aſſez heureux pour ſe procurer une
» copie de cet excellent morceau, qui n'avoit
» point encore été imprimé; il publie en même
» temps une édition du texte françois en faveur
» de ceux qui entendent le François, & qui ſen-
» tiront mieux la force des raiſonnemens de
» l'Auteur dans ſa langue naturelle, & la Traduc-
» tion Angloiſe de ce même texte, dans laquelle
» il s'eſt efforcé, peut-être en vain, de faire paſ-
» ſer une partie de la chaleur, de la grace, de la
» force & de la dignité de l'original. Il ſe flate
» que l'illuſtre Hiſtorien ne refuſera pas ſon in-

» dulgence à un homme qui, de son propre mou-
» vement, a pris la liberté de donner cet Ou-
» vrage au Public ; seulement d'après la forte
» persuasion où il étoit, que par la solidité des
» argumens, ce même Ouvrage pouvoit être de
» la plus grande utilité dans une conjoncture
» critique, à ce pays, qu'il aime avec une ardeur
» que rien ne peut surpasser ; si ce n'est la flamme
» encore plus noble dont brûle l'Auteur, ami
» des hommes, pour le bonheur & la liberté de
» toutes les Nations de la terre ».

Cet art d'excuser une action malhonnête, peut passer pour du patriotisme, aux yeux de ceux qui n'y ont point d'intérêt, & dont le bonheur ne se trouve point compromis dans les suites ; mais il est plus que probable, nonobstant les déclarations que contient cette copie, qu'on se la procura seulement dans la vue de tirer quelque profit de la vente d'un nouvel ouvrage, intéressant pour toute la Nation, & que les protestations de l'Editeur ne sont qu'un moyen de pallier une infidélité.

Il est à propos de remarquer ici que, dans tous les pays où la littérature est protégée, & elle ne sauroit fleurir ailleurs ; les Ouvrages d'un Auteur doivent être considérés comme une propriété légale. Toute autre manière d'agir écarteroit ſans retour les Gens de Lettres, & l'art ſeroit étouffé dans ſon berceau. L'infidélité commiſe à l'égard de l'Abbé Raynal, étant pour ainſi dire un délit de Nation à Nation, ne décèle, à la vérité, aucun vice de police intérieure; mais elle n'en eſt pas moins un attentat contre les bonnes mœurs & la juſtice, & l'état de guerre entre les Nations ne ſauroit excuſer ces déprédations littéraires. (1)

(1) L'état de la Littérature en Amérique peut devenir un jour un objet d'attention ſérieuſe pour la Légiſlation. Juſqu'ici nos Hommes de Lettres ont écrit ſans intérêt & ſans autre but que de ſervir la révolution ; mais quand une paix ſolide nous aura donné du loiſir & des facilités pour l'étude, la Nation ſe priveroit elle-même & de la gloire & des autres avantages que peuvent procurer les Lettres & les Sciences, en négligeant de prévenir par de ſages Loix les abus relatifs à la propriété Littéraire. Il eſt bon de remarquer que la Ruſſie, qui n'eſt guères connue en Europe que depuis quelques années, doit une bonne partie de ſa grandeur préſente à l'attention avec laquelle le Gouvernement y a encouragé chaque branche de Littérature & de Science ; & la France, ſous le règne de Louis XIV, nous fournit à-peu-près un exemple de la même eſpèce.

Au reste, la perte à laquelle l'Abbé Raynal se trouve exposé par la publication anticipée des éditions de Londres, en François & en Anglois, qui le prive non-seulement du fruit de son travail, mais qui peut faire encore retomber sur lui les frais de sa propre édition, n'est que la moindre partie du tort que peut lui causer une semblable conduite. Les opinions d'un homme, soit qu'il les ait ou ne les ait pas encore rédigées par écrit, lui appartiennent exclusivement, jusqu'à ce qu'il lui plaise de les publier lui-même; & c'est ajouter la cruauté à l'injustice, de le forcer à s'avouer l'Auteur de choses, que des réflexions nouvelles, ou de meilleures informations, auroient pu lui donner occasion de supprimer ou de corriger. J'avoue que j'ai trouvé dans l'Ouvrage de l'Abbé Raynal, des déclarations & des sentimens que je ne m'attendois pas à y rencontrer; un plus mur examen l'auroit peut-être porté à les changer; le vol qui le prive de son Manuscrit lui en ôte les moyens, & il se trouve engagé, par les suites d'une avarice étrangère, dans des difficultés qu'il auroit peut-être évitées.

Cette mode de publier avant le temps les

Ouvrages d'un Auteur, paroîtra toujours plus injuſte, ſi l'on conſidère combien il y a peu d'hommes, dans quelque pays que ce ſoit, qui puiſſent du premier jet, & ſans le ſecours de la réflexion & des examens multipliés, combiner la chaleur des paſſions avac le ſang-froid de la modération, le luxe de l'imagination avec la gravité du jugement, dans un dégré aſſez juſte, pour que toutes ces choſes, ſe balançant l'une & l'autre & ne ſe nuiſant jamais, le Lecteur puiſſe à la fois comprendre, imaginer & ſentir. C'eſt un talent bien rare que celui d'exercer en même-temps trois facultés de l'ame, de manière qu'aucune d'elles n'affoibliſſant les autres, toutes concourent à la perfection de leurs effets mutuels.

Il arrive ſouvent que la ſolidité d'un raiſonnement ſe perd dans les ſaillies d'un eſprit ambitieux de briller. Souvent, les paſſions irritées mal-à-propos peuvent altérer la droiture naturelle du jugement; & cependant un Auteur doit éprouver lui-même, & faire éprouver à ſon Lecteur un certain degré de chaleur, ſans lequel l'attention ne peut être excitée; il doit éveiller aſſez l'imagination, pour la rendre capable de peindre à l'eſprit les perſonnes, les caractères & les circonſtances compriſes dans ſon ſujet; ſans quoi le jugement n'y trouvant point d'attrait, ne donnera que des réſultats lents, froids & imparfaits. Mais ſi l'imagination s'emporte, ſi les paſſions trop exaltées dérangent & troublent les opérations du jugement; alors le ſujet, quelqu'important qu'il ſoit en lui-même, dégénère en un jeu d'eſprit; dans lequel un Auteur ne peut ſe propoſer d'autre but que d'amuſer un moment par la diverſité des images.

Les Ouvrages de l'Abbé Raynal portent plus que d'autres l'empreinte de cette étendue de penſée, & de cette rapidité de ſenſation, qui exigent particulièrement de la part d'un Auteur les examens & les retours les plus ſoignés; ſur-tout s'il exerce ces diſpoſitions ſur les caractères des individus & des peuples actuellement en état de guerre. Le moindre fait mal compris & mal repréſenté conduit à quelque fauſſe concluſion; une ſeule erreur accréditée peut devenir la ſource d'une foule d'erreurs. Cependant, comme l'Abbé Raynal a éprouvé quelques déſagrémens en France, pour avoir mal établi certaines circonſtances de la guerre, ou peint de fauſſes couleurs les caractères de ceux qui y ont eu part ; ce ſera pour lui une eſpèce d'apologie, de faire connoître que ces choſes n'ont été répandues dans le monde que par l'avarice d'un lâche ennemi.

LETTRE

Adressée à l'Abbé RAYNAL, *sur les Affaires de l'Amérique Septentrionale.*

JE devrois peut-être à un Auteur d'une réputation auſſi diſtinguée que l'Abbé Raynal, une eſpèce d'apologie pour l'entrepriſe que je forme; mais, comme *avoir raiſon*, eſt le premier ſouhait de la philoſophie & le premier principe de l'Hiſtoire, j'eſpère qu'il ſe contentera d'une déclaration pure & ſimple de mes motifs, qui ne ſont que l'amour de la juſtice, & qu'il la préférera de ma part à tous les complimens que je pourrois lui faire à ce ſujet.—L'Abbé Raynal, dans le cours de ſon Ouvrage, a ſouvent exalté ſans raiſon, & blâmé ſans cauſe : il a célébré des choſes qui ne devoient pas l'être, & s'eſt tû ſur celles qui méritoient de juſtes éloges : en un mot, il change ſi ſouvent de diſpoſition ſur les faits & les perſonnes, qu'il n'en a peint qu'un très-petit nombre, ou peut-être aucuns, de traits fixes & marqués.

Il eſt encore trop tôt pour écrire l'Hiſtoire de la Révolution. Quiconque fera cette tentative avant le temps, ſe trompera néceſſairement ſur les caractères & les circonſtances, & s'engagera de gaieté de cœur dans l'erreur & les difficultés. Il en eſt des choſes comme des hommes, on les pénètre rarement à la première vue. L'Abbé Raynal ſe trompe dès les fondemens de ſon Ouvrage : il a mal compris & mal établi les cauſes qui produiſirent la rupture entre l'Angleterre & les Colonies, & qui amenèrent par dégrés, & ſans projet antérieur de la part de l'Amérique, une révolution qui a fixé l'attention de l'Europe entière & influé ſur ſes intérêts.

Pour prouver ce que j'avance, je rapporterai un paſſage de l'Abbé Raynal, qui, quoique placé vers la fin de ſon Ouvrage, a cependant un rapport plus direct avec le commencement, & dans lequel, en parlant de la cauſe primitive de la diſpute, il s'exprime ainſi.............

« De toutes les cauſes énergiques qui pro-
» duiſirent tant de révolutions ſur le globe,
» aucune n'exiſtoit dans le nord de l'Amérique.

» Ni la Religion ni les Loix n'y avoient été outragées. Le sang des Martyrs ou des Citoyens » n'y avoit pas ruisselé sur les échafauds. On » n'y avoit pas insulté aux mœurs. Les manières, les usages, aucuns des objets chers » aux Peuples n'y avoient été livrés au ridicule. » Le pouvoir arbitraire n'y avoit arraché aucun » habitant du sein de sa famille ou de ses amis, » pour le traîner dans les horreurs d'un cachot. » L'ordre public n'y avoit pas été interverti. » Les principes de l'administration n'y avoient » pas été changés ; & les maximes du Gouvernement y étoient toujours restées les mêmes. » Tout se réduisoit à sçavoir si la Métropole » avoit ou n'avoit pas le droit de mettre directement ou indirectement un léger impôt sur » les Colonies. »

Il ne sera pas hors de propos de remarquer généralement sur ce passage extraordinaire, qu'il n'y a que ceux qui souffrent qui puissent comprendre parfaitement ce qu'ils souffrent ; & que pour être juge des causes qui ont produit la révolution, causes que l'Abbé Raynal appelle énergiques, il faut avoir résidé en Amérique.

Il dit bien, à la vérité, que les différentes causes qu'il détaille n'existoient pas en Amérique ; mais comme il oublie d'indiquer la portion de temps dans laquelle il dit qu'elles n'exiſtoient pas, il réduit ſa déclaration à rien par cette négligence, & détruit toute la ſignification du paſſage cité.

Elles n'exiſtoient point en 1763, & elles exiſtoient avant 1776 ; par conſéquent comme il y a eu un temps dans lequel elles exiſtoient, & un autre dans lequel elles n'exiſtoient pas, ce temps dans lequel elles exiſtoient, conſtitue l'eſſence du fait ; & ne pas le déterminer, c'eſt ôter le ſeul moyen qu'on puiſſe avoir de juger de la juſteſſe ou de la fauſſeté de l'aſſertion : ainſi la déclaration de l'Abbé Raynal, telle qu'elle ſe préſente, & ſans aucune indication de temps, ſeroit propre à perſuader que la révolution n'a point eu de cauſes réelles, puiſqu'il nie l'exiſtence de toutes celles qui pourroient la juſtifier, & qu'il appelle cauſes énergiques. J'avoue que je me trouve moi-même d'autant plus embarraſſé pour déterminer ce temps auquel l'Abbé Raynal fait alluſion, que dans une autre partie de ſon Ouvrage, en parlant de l'acte du timbre qui fut paſſé en 1764, il l'appelle « *une uſurpation des droits les plus ſacrés & les plus précieux des Américains*, » & par conſéquent, il avoue que la plus énergique de toutes les causes, c'est-à-dire, *une usurpation des droits les plus précieux & les plus sacrés*, existoit en Amérique douze ans avant la déclaration de l'indépendance, & dix ans avant le commencement des hostilités. Ce temps indiqué dans le passage cité doit avoir été antérieur à l'acte du timbre, & comme alors il n'y avoit point de révolution, & qu'on ne pensoit pas même qu'il pût y en avoir une, dans ce premier cas il ne signifie absolument rien : d'un autre côté, suivant le principe de l'Abbé Raynal, ce même passage ne peut se rapporter à aucun temps *après* l'acte du timbre; ce n'est donc là qu'un paragraphe isolé, qui n'a de liaison directe avec aucune des parties de l'Ouvrage, & qui les contredit toutes.

A la vérité, l'acte du timbre fut révoqué deux ans après qu'il eut été passé; mais il ne tarda pas à être suivi d'un autre acte d'une bien plus grande importance, & susceptible de conséquences bien plus dangereuses; je veux arler de l'acte déclaratoire, qui, suivant son titre, attribuoit au Parlement d'Angleterre *le droit de lier l'Amérique dans tous les cas quelconques.*

Si l'acte du timbre étoit une usurpation des droits les plus précieux & les plus sacrés des Américains, l'acte déclaratoire ne leur en laissoit plus aucuns ; il contenoit les semences toutes développées du Gouvernement le plus despotique qui fût jamais exercé dans le monde : il plaçoit l'Amérique dans l'état du plus vil asservissement, car il demandoit une soumission absolue dans chaque chose, ou, comme l'acte le porte, *dans tous les cas quelconques ;* & ce qui contribuoit à le rendre encore plus offensant, c'est qu'il paroissoit avoir été passé comme un acte de clémence : c'est ici qu'on peut s'écrier avec vérité, *que la pitié du méchant est cruelle.*

Cet acte ébranloit dans leurs fondemens les Chartres primitives de la Couronne d'Angleterre, sur la foi desquelles les Emigrans de l'ancien Monde s'établirent dans le nouveau ; car au mépris de la nature de ces Chartres, qui, étant celle d'un Traité, supposoit un concours, il les soumettoit au caprice d'une des Parties, qui, sans consulter l'autre, pouvoit désormais les altérer ou les anéantir à son gré ; & par là l'état de l'Amérique se trouvoit en entier entre les mains du Parlement & du Ministère, sans qu'il lui reſtât le moindre droit dans aucun cas quelconque.

Il n'y a point d'acte de deſpotiſme auquel cette loi inique ne pût s'étendre ; & quoique dans les applications particulières on pût être forcé quelquefois de s'accommoder aux mœurs & aux habitudes locales, le principe fondamental n'en légitimoit pas moins toute eſpèce de tyrannie : il ne s'arrêtoit nulle part, il embraſſoit dans ſon étendue la vie entière de l'homme ; &, ſi je puis m'exprimer de la ſorte, une éternité de circonſtances. Toute loi demande obéiſſance, celle-ci demandoit ſervitude, & ſous ſon influence la condition d'un Américain n'eût plus été celle d'un Sujet, mais celle d'un eſclave. La tyrannie s'eſt ſouvent établie *ſans les Loix*, & quelquefois même *en dépit des Loix* ; mais l'Hiſtoire du Monde ne fourniroit pas un autre exemple des efforts qu'elle a faits pour s'établir *par leurs ſecours* : c'eſt un outrage ſanglant au Gouvernement civil, & contre lequel on ne ſçauroit trop s'élever.

On ne pouvoit plus dire alors que l'Angleterre faiſoit des loix pour l'Amérique, mais bien qu'elle lui donnoit des ordres ; car en quoi différoit en effet des violences d'un gouvernement militaire, un acte du Parlement construit sur un principe dont il étoit si facile d'abuser contre un Peuple qui n'a point de représentans dans le Parlement?

Le Parlement d'Angleterre n'étoit plus, par rapport à l'Amérique, ce Corps qui se renouvelle tous les sept ans. C'étoit en effet pour elle *un Corps perpétuellement existant*. Son élection ou son expiration lui devenoient indifférentes. Que ses Membres se succédassent par droit d'héritage; qu'ils ne quittassent leur place qu'avec la vie; qu'ils fussent immortels ou qu'on leur confiât seulement pour quelque-temps l'exercice d'une autorité passagère; tout cela ne lui importoit plus. Pour que les Peuples de l'Angleterre se fassent une juste idée des dispositions de l'Amérique par rapport à cet acte extraordinaire; qu'ils supposent un moment que toute élection & toute expiration se trouvant suspendue, l'autorité du Parlement se perpétue dans chacun de ses Membres par une succession continuelle, & je demande quelles clameurs n'exciteroit pas alors la proposition d'un acte tendant à assurer à ce *même Parlement* le droit de les lier *dans tous les cas quelconques*, car ce mot *quelconques* pourroit s'étendre en effet à leur *grande Chartre*, *au Bill des droits*, *à l'épreuve par les Jurés*, comme il s'eſt étendu aux chartres & aux formes du gouvernement en Amérique.

Je ſuis perſuadé que l'Auteur, auquel j'adreſſe ces remarques, ne dira plus après cela, « que » les *principes* de l'adminiſtration n'avoient point » *changé* en Amérique, & que les maximes du gouvernement y étoient *toujours reſtées les mêmes*. Car ici, le principe entraînoit non-ſeulement la ruine totale des maximes & des principes reçus, mais encore l'anéantiſſement des fondemens de la liberté, ſur les débris de laquelle il établiſſoit le pouvoir abſolu.

L'Abbé Raynal ne ſe trompe pas moins groſſièrement quand il poſe en fait, « que *tout* ſe réduiſoit à ſavoir ſi la Métropole avoit ou » n'avoit pas le droit de mettre directement ou indirectement un *léger* impôt ſur les Colonies. Certainement, ſoit aux yeux du Miniſtère Britannique, ſoit aux yeux des Américains, *ce n'étoit pas là toute la queſtion;* on ne penſoit pas même au montant de l'impôt; mais l'Amérique s'oppoſoit à l'établiſſement d'un principe, dont la taxe & le montant de la taxe n'étoient que de légères conſéquences.

La taxe ſur le thé dont il eſt ici queſtion,

n'étoit en effet qu'une expérience hazardée pour ſervir enſuite de prétexte à la pratique illimitée de la loi déclaratoire, qui ſe préſentoit ainſi, comme déguiſée ſous la formule plus uſitée *de la ſuprématie universelle du Parlement*; car juſqu'alors cette loi étoit reſtée ſans effet, & ſes Auteurs s'étoient contentés d'en parler comme d'une opinion.

Ainſi, dès le commencement de la diſpute, *toute* la queſtion par rapport à l'Amérique étoit en effet renfermée dans cette phraſe; ſerons-nous liés dans tous les cas quelconques par le Parlement d'Angleterre, ou ne le ſerons-nous pas? La ſoumiſſion à l'acte du thé entraînoit la reconnoiſſance de l'acte déclaratoire, ou, en d'autres termes, de la ſuprématie univerſelle du Parlement; prétentions contre leſquelles les Américains s'élèveront toujours, & auxquelles il étoit néceſſaire qu'ils s'oppoſaſſent dès les premiers pas.

Il eſt probable que l'Abbé Raynal eſt tombé dans cette première erreur pour avoir lu quelques morceaux détachés dans les gazettes Américaines; dans un cas où tout un Peuple eſt intéreſſé, chaque individu a le droit de donner ſon opinion; & combien n'y a-t-il pas d'hommes qui quoiqu'ayant les meilleures intentions du monde, ne ſavent cependant, ni connoître ni choiſir les moyens de ſe défendre? Ils ſentent confuſément la bonté de leur cauſe, ſans être capables d'en diſcuter & d'en préſenter les raiſons.

Je ne veux pas examiner trop minutieuſement ce paſſage extraordinaire de l'Abbé Raynal, de peur qu'on ne m'accuſe de le traiter avec rigueur; autrement je pourrois montrer qu'il ne contient pas une ſeule aſſertion qui ſoit fondée. Par exemple, le renouvellement d'un acte oublié du règne d'Henri VIII, en vertu duquel on pouvoit déſormais ſaiſir en Amérique & conduire en Angleterre pour y être empriſonné & jugé, tout particulier légèrement ſoupçonné; ce renouvellement, dis-je, qui précéda de quelques années les premières hoſtilités, n'étoit-il pas en effet une contradiction manifeſte de ces paroles de l'Abbé Raynal « le » pouvoir arbitraire n'y avoit (en Amérique) » arraché aucun habitant du ſein de ſa fa» mille & de ſes amis pour le traîner dans les » horreurs d'un cachot? » Et de plus, quoique le ſang des Martyrs & des Patriotes n'eût pas ruiſſelé ſur les échafauds, il avoit coulé dans les rues lors du maſſacre des Habitans de Boſton en 1770, par la Soldateſque Angloiſe.

L'Abbé Raynal auroit eu raiſon de dire que les cauſes qui produiſirent la révolution en Amérique, différoient dans leur origine de celles qui ont produit des révolutions dans d'autres parties du globe. Les Américains connoiſſoient le prix & la nature de la liberté, celle du gouvernement, la dignité de l'homme; & la révolution fut une ſuite naturelle & preſque inévitable de leur attachement à ces principes. Ils n'avoient aucune famille particulière à abbattre ou à élever; la nobleſſe de leur cauſe n'étoit point déshonorée par les inimitiés perſonnelles, ils s'élevèrent tous d'un commun accord, ne briſant leur chaîne que par dégrés; & comme proportionnant leurs efforts aux redoublemens d'injuſtice & d'inflèxibilité qu'ils éprouvoient de la part de l'Angleterre. Peu s'en fallut même que cette modération ne leur devînt funeſte, & que la déclaration de leur indépendance ne fût un acte tardif & ſans effet; & dans le fond, ſi cette démarche n'eût pas été faite au tems même où elle le fut, je ne vois pas que dans le cours des affaires qui ſuivirent, ils euſſent pu trouver le moment de la placer avec le même ſuccès, ou même avec la moindre apparence de ſuccès.

Mais la déclaration ayant eu lieu, avant les revers de fortune qu'ils devoient éprouver, c'eſt-à-dire, avant les opérations de la funeſte campagne de 1776 ; leur honneur, leur intérêt, tout leur faiſoit une loi de la ſoutenir ; & cette vigueur de ſentiment & de penſée, que la liberté ſeule peut donner à ceux mêmes qui ne la voient encore que dans l'éloignement, ranima leur confiance, & ſut leur inſpirer un courage dans l'état de dépendance auquel ils n'auroient jamais pu s'élever. Ils envisagèrent dans l'avenir des ſcènes de bonheur & des jours de repos, & l'eſpoir d'établir leur nouveau ſyſtême, adoucit pour eux les peines & les difficultés de la guerre.

Si nous examinons d'un autre côté le rôle qu'a joué l'Angleterre, nous n'y trouverons pour elle que des ſujets de honte. Elle prodiguoit les plus mauvais traitemens, avec cette eſpèce de hauteur qui diſtingue toujours la groſſièreté du Plébéïen d'avec l'urbanité de l'homme du monde ; & ce fut autant par ſes procédés que par ſon injuſtice qu'elle perdit enfin les Colonies. L'injuſtice réveilla les principes, les outrages répétés épuisèrent la modération ; & cet exemple doit apprendre à jamais au monde combien les ménagemens sont nécessaires dans la conduite des affaires du Gouvernement. En un mot, d'autres révolutions ont eu leur source dans le caprice & l'ambition ; celle-ci dans le désespoir de l'innocence humiliée ; & nous avons marqué de notre sang & de nos larmes l'enfance de notre établissement.

Une association aussi étendue, aussi vigoureuse, & dont les Membres supportoient leurs pertes avec patience & sans se laisser jamais aller au découragement, ne put sans doute avoir une origine ordinaire ; il dût y avoir dans la cause qui la produisit une force capable de s'emparer de l'ame entière de l'homme, & de lui communiquer une énergie continuelle. On examineroit envain les révolutions de l'antiquité pour expliquer par comparaison les causes de celle-ci, l'origine, les progrès, l'objet, les conséquences, toutes les circonstances qui tiennent au climat, les hommes même & leur façon de penser; tout est entièrement different. Les révolutions des autres Peuples ne sont guères en général que l'histoire de leurs querelles. Confondues dans la masse commune des événemens, aucune d'elles ne porte un caractère qui la distingue des autres ; c'est toujours le Chef du parti le plus heureux qui s'empare du pouvoir, tandis que la multitude dépouillée pleure & gémit à ses pieds. Peu, ou très-peu de ces révolutions ont été accompagnées de réformes, soit dans le Gouvernement, soit dans les mœurs, & presque toutes l'ont été de la plus extrême corruption. Ces temps barbares n'étoient marqués que par des triomphes & des calamités, il semble qu'alors les hommes ne pussent s'occuper que de châtimens, de tortures & de mort, jusqu'à ce qu'enfin la pitié s'émut dans ces cœurs farouches, & parvint à les plier à la douceur de ses impressions.

Comme la révolution actuelle différoit par ses principes de celles qui l'ont précédée, la conduite de l'Amérique différoit aussi de celle des autres Peuples, soit dans le Gouvernement, soit dans la guerre. Elle n'a point jusqu'ici souillé sa gloire par des bassesses, ni déshonoré sa fortune par des vengeances ; ses victoires, au contraire, ont été relevées par la douceur ; & souvent la clémence a désarmé la juste rigueur de ses loix. Le métier de la guerre, qui semble être pour le reste du monde une affaire de choix, fut pour elle une néceſſité ; & quand la néceſſité finira, ſes ennemis mêmes avoueront qu'après avoir avoir tiré l'épée pour ſa juſte défenſe, elle s'en eſt ſervie ſans cruauté, & l'a dépoſée ſans peine.

Comme mon intention n'eſt pas de donner à ces remarques l'étendue d'une hiſtoire, je terminerai ſur ce paſſage de l'Abbé Raynal par une ſeule obſervation, de la vérité de laquelle je ne puis m'empêcher de reſter convaincu juſqu'à ce qu'il ſe préſente quelque raiſon capable de me faire changer de penſée. J'oſerai donc dire que le Cabinet Anglois étoit fermement décidé à ſe brouiller avec l'Amérique dans tous les cas, & quoi qu'il en pût arriver.

Les Membres qui le compoſent ne doutoient pas du ſuccès de leurs prétentions s'ils pouvoient une fois le faire dépendre des ſuites d'une bataille ; ils eſpéroient obtenir par la conquête ce qu'ils ne pouvoient ſe promettre de la négociation ; ce qu'ils ne pouvoient même propoſer avec décence ; les Chartres & les Conſtitutions fondamentales des Colonies les offenſoient ; ils voyoient avec peine les progrès de nos richeſſes & de notre population, qu'ils regardoient comme des moyens naturels d'indépendance.

pendance. Ils crurent, après nous avoir mis ſous le joug, ne pouvoir nous y retenir qu'en nous accablant. Une conquête les rendoit Seigneurs & Fermiers, & les mettoit en poſſeſſion à la fois du fonds & de la rente. Une victoire pouvoit faire ceſſer tous les troubles du Gouvernement, & mettre fin aux remontrances & aux débats. L'acte du timbre leur avoit appris à engager la querelle avec avantage; ils n'avoient qu'à renouveller la ſcène & à donner la première impulſion. Ils eſpéroient une révolte, ils l'excitèrent; ils s'attendoient à la déclaration de l'indépendance, leur eſpoir ne fut pas trompé; mais ſur-tout ils ſe promettoient une victoire, & ne rencontrèrent que la honte d'une défaite.

Si l'on conſidère ces vues de la part des Miniſtres Britanniques, comme la cauſe primitive de la diſpute, on reconnoîtra que depuis les premiers troubles juſqu'à la ſignature du Traité de Paris, ils y ont parfaitement conformé chaque partie de leur conduite; après quoi, la conquête devenant douteuſe, ils prirent le parti de recourir à la négociation, & leur eſpérance fut encore déçue.

Au reſte, ce ne ſont pas là les ſeuls reproches qu'on ait à faire à M. l'Abbé Raynal;

quoiqu'il poſsède & déploie de grands talens ; quoiqu'il ſe pique ſur-tout de connoître toutes les reſſources du ſtyle & toutes les fineſſes du langage ; il ne paroît pas également ſcrupuleux ſur les devoirs d'un Hiſtorien. Il établit ſes faits avec froideur & négligence, ſans inſtruction, ſans intérêt pour le Lecteur ; beaucoup ſont erronés ; beaucoup d'autres ſont obſcurs & défectueux. Les réflexions & les maximes ſont ſans doute un ornement utile à l'hiſtoire. Elles produiſent une agréable variété de ſtyle & d'expreſſion ; mais il eſt néceſſaire d'en examiner attentivement les principes ; & l'on pourroit croire que l'Abbé Raynal a trop dédaigné ces ſoins. Il précipite ſa narration en homme qui brûle d'être débarraſſé d'une tâche faſtidieuſe ; on ſent qu'il lui tarde de s'exercer dans le champ plus vaſte de l'éloquence & de l'imagination.

Il renferme dans un ſeul paragraphe, vuide de circonſtances, dépourvu d'ailleurs de vie & de couleur, les actions de Trenton & de Princeton, qui ſe paſsèrent en Décembre 1776, & au mois de Janvier ſuivant, dans la nouvelle Jerſey ; actions déciſives, d'où dépendit pour un temps le ſort de l'Amérique ; & qui furent ſuivies des conſéquences les plus importantes.

» Le 25 Décembre, elles (les Troupes Amé-
» ricaines) traversent la Delaware, & fondent
» *inopinément* sur Trenton, occupé par quinze
» cens des douze mille Hessois si lâchement ven-
» dus à la Grande Bretagne par leur avare
» maître. Ce corps est *massacré*, pris ou dis-
» persé tout entier. Huit jours après, trois Régi-
» mens Anglois sont également chassés de Prince-
» ton; mais après avoir mieux soutenu leur réputa-
» tion que les Troupes étrangères à leur solde ».

Voilà tout le compte qu'il rend de ces événemens intéressans. Ce paragraphe est précédé de deux ou trois pages, sur les opérations militaires des deux armées, depuis l'arrivée du Général Howe d'Hallifax, devant New-Yorck; & la réception des nouveaux renforts de Troupes Angloises & étrangères que le Lord Howe lui emmena d'Europe; mais cet abrégé contient tant d'erreurs & d'omissions, qu'il seroit trop long de les relever dans une Lettre; c'est un soin qui convient mieux à l'Histoire. Il indique à peine l'action de Long-Island, & se tait entièrement sur les opérations des Plaines Blanches. Il garde le même silence sur l'attaque & la prise du fort Washington, défendu par une garnison d'environ deux mille cinq cens hommes ; & ſur l'évacuation précipitée du fort Lée, en conſéquence de cette perte ; malheurs qui causèrent en grande partie la retraite vers la Delaware, au travers des Jerſey, à une diſtance d'environ quatre-vingt-dix mille. Il ne donne pas même les plus légers détails ſur cette retraite, qui dut être néceſſairement accompagnée de circonſtances intéreſſantes, eu égard à la ſaiſon, à la nature du Pays, & au voiſinage des deux armées ; qui dans un trajet auſſi long, ſe trouvèrent ſouvent à la portée de la vue & du canon ; l'une employant ſon arrière-garde à rompre les ponts, tandis que l'avant-garde de l'autre s'occupoit à les réparer.

Jamais danger ne fut plus éminent, il y avoit tout à craindre, & preſque rien à eſpérer. Aucune deſcription ne peut repréſenter avec fidélité ces momens critiques, ceux-mêmes qui jouerènt un rôle dans ces terribles ſcènes ne reportent la vue ſur le paſſé qu'avec une ſurpriſe mêlée de crainte, s'étonnant de ce qu'ils firent, & ne pouvant concevoir d'où leur vint cette énergie victorieuſe avec laquelle ils réſiſtèrent à leurs malheurs.

On s'attendoit que le temps pour lequel l'armée étoit enrôlée, ſuffiroit pour prolonger la campagne aſſez avant dans l'hiver,

& qu'en conséquence, la rigueur de la saison & l'état des chemins, pourroient empêcher l'ennemi d'entreprendre aucune opération importante jusqu'à ce qu'on eût pu rassembler de nouvelles troupes; & je remarque ici, comme une chose digne d'attention de la part des Historiens à venir, que les Américains dans tous les mouvemens qu'ils firent jusqu'à l'attaque du poste des Hessois à Trenton, ne se proposèrent d'autre but que de tirer les choses en longueur, & de terminer le moins malheureusement possible, une campagne entreprise avec tous les désavantages de l'infériorité.

Cependant, la garnison du fort Washington fut faite prisonnière le 16 de Novembre; le tems de service d'une partie de l'armée expira le 30 du même mois; & la même cause diminuant chaque jour le nombre de ceux qui restoient, la retraite devint enfin leur dernière ressource. Il faut ajouter à ces circonstances, la déplorable condition de ces malheureux restes, composés pour la plus grande partie de la garnison du Fort Lée qu'ils avoient été obligés d'abandonner précipitamment, laissant derrière eux leurs provisions & leurs bagages : Il faut se peindre ces infortunés, fuyant devant une armée ſupérieure, ſans tentes, ſans couvertures, ſans aucunes des facilités néceſſaires pour la préparation de leur nourriture ; & cependant exécutant preſque ſous les yeux de l'ennemi, une marche de près de quatre-vingt-dix mille qu'ils eurent l'adreſſe de faire durer dix-neuf jours.

Par cette tournure imprévue des affaires, le pays fut en un inſtant plongé dans la confuſion : il ſentoit l'ennemi dans ſon ſein, ſans avoir d'armée à lui oppoſer : on ne pouvoit ſe promettre de ſecours que de la bonne volonté des Habitans, chacun alors ſtipula pour lui-même, & ſe détermina librement.

Dans cette ſituation, également faite pour abbattre & pour exciter le courage, une généreuſe ardeur s'empare de tous les eſprits ; le Gentilhomme, le Marchand, le Fermier, l'Artiſan, le Laboureur, ſe déterminent unanimement à renoncer aux douceurs domeſtiques ; & ſe dévouant au métier pénible de ſoldat, tous ſe préparent à ſupporter les rigueurs d'une campagne, au cœur de l'hiver. Ils avoient compté ſur l'habileté d'une retraite, qui put cauſer un retardement dans les opérations de l'ennemi ; leur attente ne fut point trompée, puiſque par l'effet de cette même retraite, les renforts volontaires eurent le temps de joindre le Général Washington sur la Delaware.

L'Abbé Raynal ne se trompe pas moins, quand il dit : que les Américains tombèrent *inopinément* sur Trenton. Cette opération ne fut point l'affaire du hazard, & le Général Washington avoit évidemment ce projet en vue, lorsque dans le silence de la nuit, au milieu des neiges & des glaces il traversa la Delaware qu'il repassa sur le champ avec ses prisonniers, dès qu'il eut accompli son dessein. Cette entreprise ne fut pas même un secret pour l'ennemi ; il en fut informé par une Lettre que les Américains trouvèrent depuis, écrite par un Officier Anglois de Princeton, au Colonel Rolle qui commandoit les Hessois à Trenton. Cependant malgré cet avis, le poste ne laissa pas d'être complètement surpris : une légère circonstance qui avoit l'air d'une méprise de la part des Américains, entraîna Rolle dans une erreur plus réelle & plus importante.

Voici le fait. Un détachement composé de vingt ou trente Américains, commandé par un Officier qui n'étoit point informé de l'attaque méditée, eut ordre de traverser la rivière à quelques milles au-dessus de Trenton. La nuit de Noël, qui se trouvoit la nuit même indiquée dans l'information que Rolle avoit reçue, ce détachement fut rencontré & dissipé par un parti de Hessois: rien ne paroissant plus, les Hessois prirent le corps qu'ils venoient de battre pour un parti avancé de l'Armée Américaine, & regardant comme déconcertée une entreprise qui dans le fait n'étoit pas encore commencée, ils regagnèrent leurs quartiers; en sorte que cette circonstance qui auroit dû exciter une alarme, & préparer la perte des Américains, ne servit au fond qu'à favoriser leur entreprise, en détruisant l'effet d'une information qui pouvoit la renverser. Un peu après la pointe du jour, le Général Washington entra dans la ville, & s'en étant rendu maître après une résistance légère, il y fit un peu plus de neuf cens prisonniers.

Cette combinaison de circonstances équivoques, se rapportant à ce que l'Abbé Raynal appelle *l'Empire étendu du hazard*, offroit un champ vaste à ses conjectures si elle lui eut été connue; & je suis faché qu'il n'ait pas eu cette occasion d'exercer son talent pour les *réflexions ingenieuses*.

L'action de Princeton fut infiniment plus

compliquée, & suivie de conséquences beaucoup plus extraordinaires. Non-seulement dans cette occasion, les Américains, par la supériorité de leurs manœuvres, déconcertèrent entièrement tous les plans des Anglois au moment de leur exécution; mais ils sûrent encore attirer hors de ses postes un ennemi qu'ils n'étoient pas capables d'en chasser, & le contraignirent à terminer la campagne. Cette circonstance étant un fait militaire mal connu en Europe, j'en vais rapporter les différentes parties le plus briévement qu'il me sera possible : cette légère esquisse pourra préserver de l'erreur les Ecrivains futurs, & sauver en même-temps de l'oubli ces scènes d'un merveilleux courage.

Immédiatement après la surprise du poste des Hessois à Trenton, le Général Washington repassa la Delaware, qui a environ trois quarts de mille de largeur en ce lieu, & reprit son ancien poste sur la rive de Pensilvanie. Trenton restoit sans être occupé, & l'ennemi se tenoit à Princeton à douze mille environ de distance sur le chemin de New-Yorck. Le temps devenoit rigoureux, & comme il n'y avoit que peu de maisons près du rivage où le Général Washington s'étoit posté, la plus grande partie de son armée étant obligée de se tenir dans les campagnes & dans les bois voisins; ces considérations, jointes à quelques autres, le déterminèrent enfin à repasser la Delaware, & à s'établir à Trenton. C'étoit-là certainement une démarche audacieuse, & si l'on fait attention à la terreur panique qui s'étoit emparée des ennemis, après la perte du poste des Hessois, on conviendra qu'elle avoit tout l'air d'une bravade : mais pour donner une idée juste de cette affaire, il est nécessaire de décrire les lieux.

Trenton est situé sur un terrein incliné, à trois quarts de mille environ de la Delaware; du côté de l'Est, ou de Jersey, un petit ruisseau suffisant pour faire aller un moulin qu'on a bâti sur son cours, partage la ville en deux parties, & va se décharger ensuite dans la Delaware, presqu'à angles droits. La division la plus élevée qui est celle du Nord-Est, contient environ soixante-dix ou quatre-vingt maisons; la plus basse en contient environ quarante ou cinquante; le terrein sur lequel on a bâti les maisons, s'abbaisse des deux côtés par une pente insensible qui se termine au ruisseau; & les deux divisions de la ville élevées comme en amphithéâtre, se présentent l'une à l'autre un agréable point de vue : on a bâti un pont de pierre, d'une ſeule arche, ſur le ruiſſeau qui les ſépare.

Le Général Washington avoit à peine pris poſte, il n'avoit pas même encore raſſemblé les différens partis de milice, dont les uns étoient en détachement, & les autres en route pour le joindre, que les Anglois laiſſant derrière eux une forte garniſon à Princeton, font une marche rapide, & tombent ſur Trenton qu'ils attaquent par le quartier ſupérieur ou du Nord-Eſt : Un parti d'Américains fut obligé d'arrêter leur corps avancé par une eſcarmouche, pour donner le temps au Général Washington de faire tranſporter de l'autre côté du ruiſſeau les équipages & les proviſions.

En peu de temps les Anglois furent en poſſeſſion d'une moitié de la ville, les Américains de l'autre, & les deux armées n'étoient ſéparées que par le ruiſſeau. On ne pouvoit imaginer une ſituation plus critique ; & ſi jamais le deſtin de l'Amérique dépendit des évènemens d'une journée, certainement ce fut en cette occaſion. La Delaware chariant des glaces immenſes ne pouvoit plus être traverſée : la retraite en Penſilvanie étoit par conſéquent devenue impoſſible ; & quand même la ſaiſon auroit permis le paſſage d'une rivière auſſi large, ce n'étoit pas une entrepriſe qu'on pût tenter ſous les yeux de l'ennemi. Les routes détournées étoient rompues ou rendues impraticables par la gelée, & le grand chemin étoit occupé par les Anglois.

Sur les quatre heures de l'après-dîné, les Anglois s'approchèrent du pont dans le deſſein de s'en emparer; mais ils furent repouſſés : alors, quoique le ruiſſeau qui coule rapidement dans un lit naturel & peu profond, pût être traverſé par-tout entre le pont & la Delaware, ils ne ſe préſentèrent plus; la nuit approchoit, & ſe flattant qu'ils avoient obtenu tous les avantages qu'ils pouvoient deſirer, & dont ils ſe croyoient les maîtres de profiter dès qu'ils le voudroient, ils ceſsèrent toutes leurs opérations, & ſe préparèrent ſeulement à attaquer les Américains le matin du jour ſuivant.

Mais ce jour produiſit une ſcène à laquelle on étoit loin de s'attendre : les Anglois étoient ſous les armes, & ſe diſpoſoient à marcher, quand un de leurs Chevaux-légers, arrivant à toute bride de Princeton, leur apprit que le Général Washington ayant attaqué & emporté cette place ce matin même, ſe diſpoſoit à s'emparer du magasin de Brunswick. A cette nouvelle, les Anglois consternés, qui étoient sur le point de livrer l'assaut au camp que les Américains avoient abandonné, renoncèrent à leur dessein, & reprirent avec précipitation le chemin de Princeton.

Cette retraite est un de ces évènemens extraordinaires que la postérité traitera vraisemblablement de fabuleux. On aura peine à croire que deux armées, du sort desquelles dépendoient de si considérables intérêts, se soient trouvé rassemblées dans un aussi petit espace que Trenton ; & que l'une d'elles, à la veille d'un engagement, ait pu se dérober entièrement à l'autre, avec ses provisions, ses bagages, son artillerie, sans que ses mouvemens fussent même soupçonnés. Et dans cette occasion, les Anglois furent si complètement trompés, que quand ils ouirent le bruit du canon & de la mousqueterie qui se faisoit entendre à Princeton, ils crurent que c'étoit le tonnerre, quoiqu'on fût alors au cœur de l'hiver.

Le Général Washington, pour mieux déguiser sa retraite, avoit fait allumer des feux sur le devant de son camp. Non-seulement ces feux jettèrent & entretinrent l'ennemi dans l'erreur, en lui faiſant croire que les Troupes Américaines vouloient ſe livrer au repos, mais ils lui dérobèrent encore la connoiſſance de tout ce qui ſe paſſoit. On ſçait que la flamme eſt auſſi impénétrable à l'œil que le mur le plus épais ; & l'on peut dire avec vérité, que ces flammes furent en effet pour l'une des armées la colonne de feu, & pour l'autre la colonne de nuages.* Les Américains, après une marche détournée d'environ dix-huit mille, atteignirent enfin Princeton de fort bonne heure dans la matinée.

Ils y firent deux ou trois cent priſonniers, avec leſquels le Général Washington repartit ſur le champ. L'avant-garde de l'armée Angloiſe rentra dans Princeton une heure environ après le départ des Américains, qui pourſuivant leur marche le reſte du jour, arrivèrent ſur le ſoir dans un lieu convenable, loin du grand chemin de Brunſwick, à ſeize mille à-peu-près de Princeton. Ils étoient ſi accablés & ſi épuiſés par les fatigues qu'ils avoient ſupportées, & le ſervice continuel qu'ils avoient été obligés de faire pendant deux jours & une nuit,

---

(1) Voyez l'Exode.

ne faisant que marcher d'action en action, sans relâche, sans abri & presque sans rafraîchissemens, que la terre nue & gelée, sans autre couverture que le ciel, leur parut à tous un lit délicieux. Par ces deux opérations, exécutées avec des forces inférieures en tout, les Américains terminèrent avec avantage, une campagne dont les suites les menaçoient peu de jours auparavant d'une entière destruction. Les Anglois craignant pour leur magasin de Brunswick, situé à dix-huit mille de Princeton, marchèrent immédiatement vers cette ville, où ils arrivèrent assez tard dans la soirée; & d'où ils n'osèrent tenter aucuns mouvemens pendant près de cinq mois.

Ayant ainsi tracé les principaux traits de ces deux actions intéressantes, je quitte ces sujets, pour examiner & corriger des erreurs où l'Abbé Raynal est tombé, dans le compte qu'il rend du papier monnoie & de la dette de l'Amérique. Voici comme il s'explique sur ces deux objets:

» Ces richesses idéales furent repoussées. Plus » le besoin obligeoit à les multiplier, plus leur » avilissement croissoit. Le Congrès s'indigna » des affronts faits à sa monnoie, & il déclara

» traîtres à la Patrie, tous ceux qui ne la re-
» cevroient pas comme ils auroient reçu de
» l'or.

» Eſt-ce que ce corps ignoroit qu'on ne com-
» mande pas plus aux eſprits qu'aux ſentimens?
» Eſt-ce qu'il ne ſentoit pas que dans la criſe
» préſente tout Citoyen raiſonnable craindroit
» de compromettre ſa fortune? Eſt-ce qu'il
» ne s'appercevoit pas qu'à l'origine d'une Ré-
» publique il ſe permettoit des actes d'un deſ-
» potiſme inconnu dans les régions même les
» plus façonnées à la ſervitude? Pouvoit-il ſe
» diſſimuler qu'il puniſſoit un défaut de con-
» fiance des mêmes ſupplices qu'on auroit à
» peine mérités par la révolte & la trahiſon?
» Le Congrès voyoit tout cela; mais le choix
» des moyens lui manquoit. Ses feuilles mé-
» priſables & mépriſées étoient réellement trente
» fois au-deſſous de leur valeur originaire, qu'on
» en fabriquoit encore. Le 13 Septembre 1779,
» il y en avoit dans le public pour 35,544,155 l.
» L'Etat devoit d'ailleurs 8,385,356 liv., ſans
» compter les dettes particulières à chaque
» Province. «

L'Abbé Raynal s'exprime donc ici, comme ſi les Etats-Unis avoient contracté une dette de de plus de quarante millions ſterling, outre les dettes particulières à chaque Province; après quoi, parlant du commerce que font avec l'Amérique les Nations étrangères, il avance que » les Etats vraiment commerçans, inſtruits » que l'Amérique ſeptentrionale avoit été ré» duite à contracter des dettes, à l'époque de » ſa plus grande poſtérité, penſèrent judicieu» ſement, que dans ſa détreſſe actuelle elle ne » pourroit payer que fort peu de choſe de ce » qui lui ſeroit apporté. «

Je ſens qu'il doit être fort difficile de faire connoître aux Etrangers les détails & les circonſtances propres à éclaircir la nature de notre papier monnoie, puiſqu'il ſe trouve même parmi nous, des gens qui ne les comprennent pas : au reſte, ſon ſort eſt à préſent fixé parmi nous, & nous lui avons conſacré d'un accord unanime, cette eſpèce de reconnoiſſance qu'on a même pour les choſes inanimées dont on a reçu de longs ſervices. Chacun des inſtrumens de notre liberté a des droits à notre eſtime, mais le papier monnoie, qui fut, pour ainſi dire, la pierre angulaire de l'édifice, ne doit jamais être oublié. Il y a quelque choſe dans un eſprit reconnoiſſant, qui s'étend juſqu'aux objets purement matériels, & qui ne peuvent être ni flatés de nos égards, ni bleſſés par nos négligences; c'eſt une obſervation que tout homme eſt à portée de faire.

Je reviens : quoique le papier monnoie fût d'abord répandu par le Congrès ſous le nom même de *dollars*, il ne conſerva pas toujours cette valeur. Ceux qui circulèrent la première année étoient égaux à l'or & à l'argent. Ils baiſsèrent la ſeconde année ; la troiſième ils baiſsèrent encore plus ; ainſi de ſuite, pendant l'eſpace de cinq ans, après quoi je ne penſe pas qu'il y en eût de répandus dans le public pour plus de dix ou douze millions ſterling.

A préſent il faut faire attention, qu'il auroit fallu lever dix ou douze millions ſterling de taxes, pour ſoutenir les frais de la guerre pendant cinq ans : or comme, tant que les papiers circulèrent, ſupportant annuellement une réduction qui les anéantit par dégrés, il n'y eut aucune taxe importante de miſe, il faut convenir que l'événement fut le même pour le public : la réduction tint lieu d'impôt ; le peuple devoit fournir une ſomme de dix ou douze millions ſterling; &, pourvu qu'il ne payât pas deux fois, le choix entre les manières de contribuer devoit lui être à-peu-près indifférent. Cette dette, dont parle l'Abbé Raynal, n'exiſte donc point réellement, puiſqu'elle ſe trouve payée par les ſacrifices volontaires des particuliers, qui conſentirent à ſupporter, ſur les papiers qui circuloient entr'eux, une réduction à-peu-près égale au montant des frais de la guerre pendant cinq ans.

Aujourd'hui, le papier monnoie n'étant plus employé, il n'y aura plus de réduction; l'or & l'argent vont redevenir le moyen d'échange, & la guerre ſe continuera par le ſecours des impôts. De cette ſorte, il en coûtera moins au public qu'il ne lui en coûtoit par l'effet des réductions; mais comme dans le fond il n'a jamais contribué qu'une fois, ne payant point d'impôt dans le temps de la réduction, & ne ſupportant plus de réduction depuis l'établiſſement de l'impôt, la choſe ſera à-peu-près égale; avec cet avantage moral cependant, du côté de la taxe, qu'elle produit ordinairement la frugalité & la prévoyance, tandis que la réduction entraîne toujours la négligence & la diſſipation.

L'établiſſement de la taxe préſente encore l'avantage d'une répartition plus juſte dans la contribution, puiſque chacun ſe trouvant impoſé proportionnellement à ſes moyens ; ſi la quotité d'un homme ſe trouve déſormais inférieure à la ſomme qu'il avoit coutume de perdre par l'effet des réductions, le changement lui ſera favorable ; tandis que ſi la quotité d'un autre ſe trouve ſupérieure à ce qu'il perdoit auparavant par la réduction, il ſera prouvé par-là qu'il ne payoit pas alors ce qu'il devoit payer ; car il faut toujours ſe ſouvenir que ces réductions tenoient lieu d'impôt.

Il eſt bien vrai qu'on n'avoit pas prévu d'abord que la dette contractée par le moyen du papier monnoie s'éteindroit ainſi d'elle-même : mais les choſes étant arrivées à ce point, par le conſentement volontaire de tous & de chacun ; elle fut en effet acquittée par ceux qui devoient réellement. Il n'y eut peut-être jamais un acte auſſi univerſellement national que celui-ci : le Gouvernement n'y eut point de part ; chacun conſentit librement à déprécier ſes papiers ; car tel fut l'effet que produiſit le hauſſement de la valeur nominale des denrées. Mais dans le fond, chaque Américain ſupportant par cette réduction une perte égale à la ſomme qu'il auroit dû fournir pour l'extinction de la dette, on doit tenir compte de cette perte ; elle doit être considérée comme représentant la portion de taxe de chacun, dans le temps où la taxe n'étoit pas encore établie : ce seroit donc une grande injustice, d'imposer le peuple après la guerre, pour le paiement d'une chose qu'il a déjà payée ; ce seroit valider dans les mains d'autrui des papiers qui perdirent toute valeur dans les siennes.

Le papier monnoie fut répandu comme un moyen de soutenir la guerre, il a rendu ce service tant qu'il a circulé, sans être d'ailleurs essentiellement à charge au public ; mais imaginer, comme quelques-uns l'ont fait, qu'à la fin de la guerre il doit se transformer en or ou en argent, c'est supposer qu'au lieu de nous causer les dépenses ordinaires, cette même guerre a dû nous rapporter deux cens millions de dollars.

S'il reste encore quelque chose d'obscur dans la situation de l'Amérique, soit par rapport à ses papiers, soit quant à d'autres circonstances, il faut se souvenir que c'est ici une guerre entièrement nationale ; les Américains combattoient pour leur indépendance, & pour la défense de leur pays & de leurs propriétés. Chez eux, le Gouvernement, le peuple, l'armée, ne forment, pour ainsi dire, qu'un seul & même corps, par la réunion des intérêts & des volontés : On combat ailleurs pour les caprices & la fortune d'un seul, pour dépouiller des Rois de leur Trône & de leur Empire ; il s'agit ici de la majesté du peuple & de la propriété générale. Tous, pénétrés de ces principes, veulent contribuer à la défense commune de leur peine ou de leur argent ; ils se regardent comme membres du Souverain, comme ayant part à l'administration, & tout soldat meurt libre & Roi.

L'Abbé Raynal termine le passage que je viens de citer, par une observation au sujet des dettes que l'Amérique contracta dans le temps de sa plus grande prospérité, (c'est-à-dire, avant le commencement des hostilités), qui sert à prouver, quoiqu'il affecte de ne pas le remarquer, la prodigieuse différence qui se trouve en matière de commerce, entre les nations libres & les nations assujetties. L'Amérique dans l'état de dépendance, quoique jouissant de tous les avantages de la paix, ne put jamais, avec un commerce gêné, balancer l'importation par l'exportation, & fut obligée de s'endetter annuellement : depuis qu'elle est libre, quoiqu'engagée dans une guerre coûteuse, elle n'a plus besoin de crédit. Ses magasins regorgent de marchandises, l'or & l'argent circulent abondamment : comment toutes ces choses se sont-elles établies? il est difficile de le dire ; mais ce sont des faits, & les faits sont plus concluans que des raisonnemens.

Comme il est probable que cette lèttre sera publiée en Europe, les remarques qu'elle contient serviront à faire voir l'extrême folie de la Grande Bretagne, quand elle fonda l'espoir de ses succès contre nous, sur l'extinction de nòtre papier-monnoie ; cette spéculation puérile prête aux allusions les plus ridicules ; sous ce point de vue on peut comparer l'Angleterre à un lion affamé, qui veut envelopper sa proie dans les minces filets d'une araignée.

Après s'être expliqué de la sorte sur nos papiers d'état, l'Abbé Raynal continue à rendre compte de la situation de l'Amérique pendant l'hiver de 1777 & le printemps suivant, & finit ses observations par quelques mots sur le traité qui fut signé en France ; & sur les propositions du ministère Anglois qui furent rejettées par les Américains : mais il se trouve dans sa manière de présenter ces faits une erreur importante, & qui lui est commune avec d'autres Historiens Européens ; tous s'étant trompés sur les véritables causes qui firent rejetter en Amérique les propositions des Anglois.

Dans l'hiver de 1777, & le printemps suivant, le congrès étoit assemblé à Yorck-Town, en Pensilvanie ; les Anglois étoient maîtres de Philadelphie, & le Général Washington étoit campé avec son armée sous des huttes à la Valley-Forge, à trente-six mille de-là. Chacun peut se souvenir qu'à la vérité la situation étoit critique, mais certainement elle n'étoit pas désespérée ; voici comment l'Abbé Raynal s'en explique :.....

« Une foule de privations, ajoutée à tant » d'autres fléaux, pouvoit faire regretter aux » Américains leur ancienne tranquillité, les incliner à un raccommodement avec l'Angleterre. En vain on avoit lié les peuples par la » foi des sermens, & par l'empire de la Religion, au nouveau Gouvernement. En vain on » avoit cherché à les convaincre de l'impossibilité de traiter sûrement avec une Métropole » où un Parlement renverseroit ce qu'un autre » Parlement auroit établi. En vain on les avoit » menacé de l'éternel ressentiment d'un ennemi » outragé & vindicatif; il étoit possible que ces » inquiétudes éloignées ne balançassent pas le » poids des maux présens.

» Ainsi le pensoit le Ministère Britannique, » lorsqu'il envoya dans le nouveau monde des » Agens publics, autorisés à tout offrir, excepté » l'indépendance, à ces mêmes Américains, » dont deux ans auparavant on exigeoit une sou- » mission illimitée. Il n'est pas sans vraisem- » blance que quelques mois plutôt ce plan de » conciliation auroit produit un rapprochement. » Mais à l'époque où la Cour de Londres le fit » proposer, il fut rejetté avec hauteur, parce » qu'on ne vit dans cette démarche que de la » crainte & de la foiblesse. Les Peuples étoient » rassurés; le Congrès, les Généraux, les Trou- » pes, les hommes adroits ou hardis, qui dans » chaque Colonie s'étoient saisis de l'autorité : » tout avoit recouvré sa première audace. *C'é- » toit l'effet d'un traité d'amitié & de commerce » entre les Etats-Unis, & la Cour de Ver- » sailles, signé le 6 Février 1778* ».

Je ne puis m'empêcher de remarquer sur ce passage, combien il est essentiel pour la fidélité de l'histoire, d'accorder soigneusement les événemens & les temps. Le défaut d'exactitude à cet égard, produit une confusion qui conduit à se tromper sur les véritables rapports des effets & des causes; & souvent même en fait appercevoir d'entièrement chimériques.

Ici, par exemple, l'Abbé Raynal a raison de dire que les offres du ministère Britannique furent rejettées avec dédain : mais comme il se trompe sur le temps où il place cette résolution du Congrès; il se trompe aussi dans ses conjectures sur les causes qui la produisirent.

Il est clair que la signature du traité de Paris, le 6 Février 1778, ne put avoir en Amérique aucun effet sur les esprits, jusqu'au temps où l'on en fut informé; c'est pourquoi, quand l'Abbé Raynal prétend que le refus des offres fut une suite de cette alliance, il entend sans doute qu'alors elle étoit connue, ce qui certainement n'est pas vrai. Par cette erreur, non-seulement il prive les Américains de la gloire que mérite le courage inébranlable qu'ils ont développé dans une situation aussi difficile, mais il se laisse entraîner ensuite, par une conséquence naturelle de la même erreur, à des suppositions injustes; comme lorsqu'il avance que s'ils n'eussent pas été informés du traité, ils eussent probablement accepté les offres; tandis qu'il est de fait qu'ils n'avoient aucune connoissance de ce traité au temps où ils les rejettèrent, & que par conséquent il ne put servir de motif à leur refus.

Ces propoſitions ou ces offres étoient contenues dans deux bills, propoſés au Parlement par le Lord North, le 17 Février 1778. Ces bills paſsèrent rapidement dans les deux Chambres, &, ſans qu'ils euſſent été aſſujettis aux formes ordinaires du Parlement, on ſe hâta d'en tirer des copies, qui furent envoyées au Lord Howe & au Général Howe qui ſe trouvoient alors à Philadelphie, avec le titre de Commiſſaires. Le Général Howe les fit imprimer ſur-le-champ, & en envoya des exemplaires au Général Washington, par un Parlementaire, afin qu'ils fuſſent préſentés au Congrès à Yorck-Town, où ils arrivèrent le 21 Avril 1778. Voilà tout ce qu'on peut dire ſur l'arrivée des Bills en Amérique.

Le Congrès, ſuivant ſon uſage, fixa un Comité compoſé de quelques-uns de ſes membres, pour examiner ces Bills & en faire le rapport. Le jour ſuivant, c'eſt-à-dire le vingt-deux, ce rapport fut préſenté, lu & univerſellement approuvé. Il fut réſolu qu'on l'inſéreroit dans le Journal du Congrès, & qu'il ſeroit publié pour l'inſtruction générale. Il y a apparence que l'Abbé Raynal, en parlant du refus des propoſitions, ne peut avoir eu en vue que ce rapport du Comité, puifque le Congrès ne donna point d'autre réponfe fur les Bills, & que fur une feconde adreffe qu'il reçut de la part des Commiffaires Anglois, en date du 27 Mai, il les renvoya au détail de fes réfolutions, imprimées le 22 d'Avril. Voilà tout ce qu'on peut dire fur le refus des propofitions.

Le 2 de Maï, c'eft-à-dire onze jours après le refus, le Traité, conclu entre les Etats-Unis & la France, arriva à Yorck-Town; & jufqu'à ce moment, le Congrès, loin d'avoir reçu la moindre information à ce fujet, n'avoit pas même l'idée de la prochaine exécution d'un tel deffein. Mais de peur que cette déclaration de ma part ne paffe pour une affertion vaine & dénuée de fondement, je l'appuyerai de preuves; car il eft de la plus grande importance, pour bien établir la nature & les principes de la révolution, de faire connoître que depuis la déclaration de fon indépendance, quoique fouvent réduite aux plus cruelles extrémités, quoiqu'on employât contr'elle la violence, l'artifice ou la perfuafion, jamais l'Amérique ne conçut la plus légère idée d'abandonner fes projets & fa liberté. Ces preuves font d'autant plus néceſſaires, que le ſyſtême du Miniſtère Britannique fut toujours de repréſenter aux Nations d'Europe, l'Amérique comme incertaine dans ſa politique & dans ſes réſolutions, eſpérant par là diminuer ſon crédit, & affoiblir la confiance que les Puiſſances Européennes, ou quelques-unes d'entre ces Puiſſances, pouvoient être diſpoſées à prendre en elle.

Dans le temps où ces choſes ſe paſſoient, j'étois Secrétaire du Congrès au département des affaires étrangères. Toutes les lettres politiques des Commiſſaires Américains étoient dépoſées entre mes mains; toutes les dépêches officielles s'écrivoient dans mes Bureaux; & je puis aſſurer, que lorſque les propoſitions de l'Angleterre furent refuſées, le Congrès étoit ſi loin d'être informé de la ſignature du Traité, qu'il y avoit plus d'un an qu'il n'avoit reçu une ſeule ligne d'information ſur quelque ſujet que ce fût, de la part des Commiſſaires qu'il avoit alors à Paris. Il y a apparence que ce contre-temps avoit été cauſé par la perte du port de Philadelphie, & de la navigation de la Delaware; mais ſur-tout par le danger des mers, couvertes en ce temps là de Corſaires Anglois.

Un ſeul paquet étoit parvenu à Yorck-Town, au mois de Janvier précédent; c'eſt-à-dire environ trois mois avant l'arrivée du Traité : mais ce qui paroîtra fort ſurprenant, c'eſt qu'on en avoit enlevé toutes les lettres, avant de le confier au Vaiſſeau qui devoit l'apporter en Amérique, & l'on y avoit ſubſtitué des feuilles de papier blanc.

Après avoir ainſi déterminé le temps où les propoſitions des Commiſſaires Anglois furent reçues, & celui où le Traité d'alliance nous parvint; après avoir montré que le refus des premières fut antérieur de onze jours à l'arrivée du dernier ; & qu'alors nous n'avions pas la moindre connoiſſance relative à l'accompliſſement prochain où éloigné d'une ſemblable meſure, on ne peut plus attribuer notre refus qu'aux ſentimens invariables que nous avions voués à nos ennemis ; à la réſolution invincible que nous avions priſe, de ſoutenir notre liberté juſqu'au dernier ſoupir, & nullement à la connoiſſance d'un nouvel événement, dont nous n'étions alors, ni ne pouvions être informés.

Il y a de plus dans le rapport du Comité

(que je joins ici) (*) une certaine vigueur d'expression, dont le plus grand mérite est d'avoir

---

(*) *Fait dans le Congrès le* 22 *Avril* 1778.

» Le Congrès ayant reçu une Lettre du Général, en date du 18, contenant un certain papier imprimé, envoyé de Philadelphie, & qui paroît être le plan d'un *Bill* déclaratoire des *intentions* du Parlement de la Grande-Bretagne, quant à *l'exercice* du *droit* qu'il s'attribue d'imposer des taxes dans les Etats-Unis; comme aussi le plan d'un autre Bill, qui donne pouvoir au Roi d'Angleterre de nommer des Commissaires autorisés à traiter, à discuter & à convenir sur les moyens d'appaiser certains désordres dans lesdits Etats; le Comité auquel on a renvoyé ces dépêches, demande permission d'observer à ce sujet:

» Que ledit papier ayant été répandu, d'une manière clandestine, & seulement parmi certaines personnes, suivant qu'il convenoit aux vues de l'ennemi, il doit être imprimé & publié sur le champ pour l'instruction du Public. »

» Le Comité ne peut assurer, si les choses que contient ledit papier ont été rédigées à Philadelphie ou en Angleterre; beaucoup moins si elles ont été réellement & véritablement destinées à être présentées au Parlement de ce Royaume, ou si ledit Parlement voudra les consacrer par les formalités ordinaires de ses loix; il penche cependant à croire que cela arrivera, par les raisons suivantes:

paru avant que le Traité fût connu. Ce qui peut passer pour une juste fierté dans les malheureux,

---

» 1°. *Parce que*, dans le courant de l'hiver dernier, le Général Anglois a fait quelques tentatives pour mettre sur pied une espèce de traité; quoique, soit par une idée fausse de son importance & de sa propre dignité, soit par ignorance, soit enfin par quelqu'autre cause, il ait négligé de s'adresser alors aux personnes revêtues de l'autorité nécessaire pour écouter ses propositions.

» 2°. *Parce que* les Anglois supposent, que l'idée illusoire d'une cessation d'hostilités, entraînera du réfroidissement & des lenteurs dans les préparatifs de guerre de ces Etats.

» 3°. *Parce que* croyant les Américains fatigués de la guerre, ils pensent qu'ils accepteront pour l'amour de la paix, toutes les conditions qu'on voudra leur proposer.

» 4°. *Parce qu'ils* supposent que la corruption peut influer dans nos négociations, comme elle influe dans leurs querelles.

» 5°. *Parce qu'ils* attendent de cette démarche les mêmes effets qu'ils se promettoient de la motion qu'un de leurs Ministres appelloit *sa motion conciliatrice*: c'est-à-dire, qu'ils espéroient qu'elle détourneroit les Nations étrangères de donner des secours aux Etats-Unis; qu'elle engageroit les Sujets Anglois à continuer un peu plus long-temps la guerre actuelle,

devient

devient une bravade insultante aux premiers retours de la prospérité : & l'alliance fortifioit

---

& qu'elle détacheroit quelques hommes foibles en Amérique, de la cause de la vertu & de la liberté.

» 6°. *Parce que* le Roi d'Angleterre a sujet de craindre, & craint en effet, que ses Flottes & ses Armées, au lieu d'être employées contre les Etats-Unis, ne soient désormais nécessaires à la défense de ses propres possessions.

Et 7°. *Enfin, parce que* l'impossibilité de subjuguer l'Amérique devenant de jour en jour plus incontestable, il est de l'intérêt de la Grande-Bretagne de terminer enfin cette guerre, quelques puissent être d'ailleurs les conditions du traité de paix.

» Le Comité demande qu'on lui permette d'observer de plus, qu'en supposant que les objets contenus dans ledit papier soient réellement approuvés & enregistrés par le Parlement d'Angleterre, cela ne peut servir qu'à montrer plus clairement la foiblesse & la méchanceté des ennemis de l'Amérique.

» *Leur foiblesse.*

» 1°. *Parce qu'ils* ont déclaré anciennement qu'ils avoient non-seulement le droit de lier les Etats-Unis dans tous les cas quelconques, mais encore que les habitans desdits Etats étoient obligés de se soumettre absolument & sans condition à l'exercice de ce droit, parce qu'ils se sont efforcés d'obtenir cette soumission par la force ouverte ; d'où l'on doit conclure,

tellement la cause de l'Amérique, que si elle eût été connue au temps où le Congrès ren-

que s'ils renoncent à de semblables prétentions, rien ne fait mieux connoître l'impuissance où ils se trouvent à présent de les faire valoir.

» 2°. *Parce que* leur Prince a rejetté jusqu'ici les plus humbles demandes des Représentans de l'Amérique, suppliant seulement qu'on voulût les considérer comme Sujets, & qu'on les protégeât dans la jouissance de leurs biens, de la paix & de la liberté; parce qu'il a fait une guerre cruelle aux Américains, employant les Sauvages à massacrer leurs femmes & leurs enfans innocens; & qu'à présent ce même Prince offre de traiter avec ces Représentans, qu'il avoit auparavant rebutés avec dédain, & consent d'accorder aux armes de l'Amérique ce qu'il refusa constamment à ses prières.

« 3°. *Parce qu'ils* ont fait tous leurs efforts pour conquérir ce Continent, rejettant toute idée d'accommodement, d'après la confiance qu'ils avoient en leurs propres forces; d'où l'on voit clairement, que le changement de leurs dispositions, annonce la perte de cette confiance.

« Et 4°. *Enfin, parce que* le langage constamment employé, non-seulement par leurs Ministres, mais encore dans les actes les plus solemnels & les plus authentiques de la Nation, a toujours été; qu'il étoit incompatible avec la dignité nationale, de traiter avec

dit sa réponse, cette réponse eût présenté plutôt le caractère de l'insolence, que la noble

---

l'Amérique tant qu'elle auroit les armes à la main; & que nonobstant ces résolutions, ils ne laissent pas d'être sur le point de faire des offres pour un traité.

« Quant à leur malice & à leur fausseté, on les appercevra clairement après les réflexions suivantes.

« 1°. *Les Bills* proposés contiennent une renonciation directe ou indirecte de la part de l'ennemi, à ses anciennes prétentions, ou ils ne la contiennent pas; s'ils la contiennent, il reconnoît par-là, qu'il a sacrifié quantité de braves gens dans une injuste querelle : s'ils ne la contiennent pas, ils ne sont faits que pour abuser les Américains, & pour les amener insidieusement à des termes auxquels on n'a jamais pu les réduire, ni par le raisonnement avant la guerre, ni par la violence depuis le commencement des hostilités.

« 2°. Le premier de ces *Bills* paroît être, par son titre, une déclaration des *intentions* du Parlement d'Angleterre, concernant l'exercice *du droit d'imposer des taxes* dans les Etats-Unis; c'est pourquoi, si lesdits Etats consentoient à traiter en conséquence de ce *Bill*, ils reconnoîtroient par cette conduite, un droit pour l'établissement duquel la Grande-Bretagne a entrepris & suivi la guerre actuelle.

« 3°. Si la Grande-Bretagne avoit une fois obtenu des Etats-Unis, cette espèce de reconnoissance du

sérénité d'un courage à toute épreuve.

En tout, l'Abbé Raynal paroît s'être entière-

---

droit qu'elle reclame ; il est clair que ce même droit pourroit être exercé dès le premier changement, dans les tempéramens ou les humeurs des Membres du Parlement Anglois ; puisque le plus ou moins de rapport entre les premières intentions des hommes & leur conduite ultérieure, dépend toujours de ces sortes de hazards.

« 4°. Le contenu de ce premier *Bill*, ne présente rien de nouveau ; il est absolument semblable, par le fond des choses, à la motion ci-dessus mentionnée, & sujet aux mêmes objections qu'on peut faire contre elle ; avec cette différence cependant, que, *par la motion*, l'impôt devoit être suspendu aussi long-temps que l'Amérique consentiroit à donner tout ce qu'il plairoit au Parlement de demander ; au lieu que, par *les Bills proposés*, il ne devoit l'être qu'aussi long-temps que les idées des Parlemens à venir, s'accorderoient avec celles du Parlemeut actuel.

« 5°. Il paroît par le second Bill, que le Roi d'Angleterre peut, quand il lui plaît, nommer des Commissaires, pour traiter & convenir avec qui bon leur semblera, sur les différens objets qui se trouvent mentionnés dans ledit Bill : mais ces sortes de traités ou d'arrangemens, n'ont aucune validité sans le concours du Parlement, excepté quand il s'agit d'une suspension d'hostilités, ou de quelques autres actes,

ment trompé sur ce sujet ; car, au lieu d'attribuer le refus que nous fîmes des proposi-

tels que l'exercice du droit de faire grace, ou la nomination des Gouverneurs pour ces Etats souverains, libres & indépendans. C'est pourquoi le Parlement s'est réservé *en termes exprès*, le pouvoir d'annuller dans tous les autres cas, toute espèce de traité ; & de prendre avantage de chaque circonstance qui peut s'élever, pour soumettre ce Continent à ses usurpations.

« 6°. Ledit Bill, annonçant une offre de pardon, semble par-là, traiter de criminelle notre juste résistance ; & par conséquent entrer en négociation d'après cette ouverture, ce seroit reconnoître tacitement, que les peuples de ces Etats n'étoient en effet que des rébelles, comme l'Angleterre les nomme.

« 7°. Les habitans desdits Etats étant réclamés comme Sujets par le Parlement de la Grande-Bretagne, ce Corps pourroit facilement inférer de la nature même de la négociation qu'il s'efforce d'établir, que lesdits habitans doivent être liés de droit, par telles ou telles loix qu'il lui plaira de faire dans la suite ; d'où l'on voit, que toute convention établie sur une semblable négociation, pourroit être un jour, ou changée, ou completement anéantie.

« Et 8°. Enfin, parce que ledit Bill porte que les Commissaires qui s'y trouvent mentionnés, peuvent traiter avec les individus particuliers ; circonstance

tions des Anglois, à la *connoissance que nous avions du Traité d'alliance*, il auroit dû au contraire, rapporter l'origine de ces propositions

---

entièrement contraire à la dignité du caractère national.

« D'après toutes ces choses, il paroît évident au Comité, que les Bills ci-dessus mentionnés, sont destinés à agir sur les esprits des peuples fidèles de ces Etats, de manière à semer entr'eux des divisions ; & à les détacher de la cause commune, qui par l'assistance Divine paroît enfin n'avoir plus à se promettre que des succès. Le Comité pense encore, qu'ils sont la suite de ce plan insidieux, qui depuis le temps de l'acte du timbre, jusqu'aujourd'hui, n'a cessé de tenir ces contrées engagées dans les débats, & plongées dans le sang ; & qu'on ne doit pas douter que l'Angleterre ne saisisse avidement, comme elle l'a toujours fait, la première occasion favorable pour déployer encore cette rage de domination, qui vient de déchirer son puissant Empire ; quoiqu'elle se soit vue forcée dans cette circonstance, comme dans plusieurs autres, à renoncer à ses injustes prétentions.

Sur toutes ces choses, le Comité supplie qu'on lui permette d'observer ; que les Américains s'étant unis dans cette querelle, sur les principes de l'intérêt général, & pour la défense des droits & des privilèges de chacun ; c'est de la continuation de cette union, cimentée depuis par les secours qu'ils n'ont cessé de se prêter mutuellement, & sur-tout par la

de la part du Cabinet Britanique, à la *connoissance qne les Ministres qui le composent avoient de cet évènement*. Cela explique fort bien la raison pour laquelle ces propositions

---

communauté des infortunes, que dépend aujourd'hui le succès complet de la cause qu'ils défendent, & à laquelle le genre humain entier doit prendre intérêt. C'est pourquoi, si quelqu'homme ou quelque société particulière en Amérique, s'efforçoit de faire un traité séparé avec les Commissaires Anglois, ou quelqu'un d'entre les Commissaires; cette lâche & méprisable démarche, doit nous faire considérer & traiter ceux qui l'auront faite, comme ennemis ouverts & déclarés de ces Etats.

Le Comité pense de plus, que les Etats-Unis ne peuvent convenablement entrer en quelque conférence que ce soit avec aucun des Commissaires Anglois, que l'Angleterre n'ait préliminairement rappellé ses Flottes & ses Armées, ou reconnu du moins en termes exprès & positifs l'indépendance desdits Etats.

Et comme il paroît, que le dessein de l'ennemi est de nous endormir dans une fatale sécurité; — le Comité pense, qu'afin que les Etats-Unis puissent agir désormais avec le poids & l'importance qui leur convient, on doit inviter les différentes Provinces à faire les plus grands efforts, pour que leurs contingens de Troupes continentales puissent être en campagne le plutôt possible, & veiller à ce que la Milice

furent envoyées précipitamment en Amérique, ſous la forme de Bills & ſans qu'elles fuſſent paſſées en Acte. On ſe flatoit qu'elles pour-

---

deſdits Etats ſe trouve en état d'agir à la première occaſion.

Ce qui ſuit eſt la Réponſe du Congrès, à la ſeconde Adreſſe qu'il reçut de la part des Commiſſaires.

Yorck-Town, le 6 Juin 1778.

MONSIEUR,

J'ai eu l'honneur de mettre ſous les yeux du Congrès, votre Lettre du 3 de ce mois, avec les actes du Parlement d'Angleterre qui s'y trouvoient renfermés; & je ſuis chargé de vous répondre de la part de ce Corps, qu'il a déjà exprimé ſes ſentimens ſur des Bills entièrement ſemblables à ces actes, dans un papier publié le 22 Avril dernier.

Soyez perſuadé, Monſieur, que quand le Roi d'Angleterre ſera ſérieuſement diſpoſé à mettre un terme à la guerre injuſte & cruelle qu'il a fait juſqu'ici contre les Etats-Unis, le Congrès acceptera avec plaiſir toutes les conditions de paix qui pourront s'accorder avec l'honneur des Nations indépendantes, les intérêts de ſes Conſtituans, & le reſpect inviolable qu'il a réſolu d'avoir pour les traités.

J'ai l'honneur d'être, Monſieur,

Votre très-humble & très-obéiſſant ſerviteur,

HENRY LAURENS, Préſident du Congrès.

Son Excellence Sir HENRY CLINTON.

K. B. Philad.

roient atteindre le continent avant qu'on y eût connoissance du Traité : mais quoiqu'elles y arrivassent effectivement comme on l'avoit espéré, elles n'en furent pas moins réjettées. Il est prouvé par les dates, que ces Bills furent présentés au Parlement d'Angleterre depuis la signature du Traité entre les Etats-Unis & la France : le Traité est du 6, & les Bills du 17 de Février. Il est prouvé de même, que la signature du Traité étoit connue du Parlement, lorsque les Bills y furent proposés, puisque M. Charles Fox en instruisit la Chambre, dans un discours qu'il prononça le 17 de Février, en réponse au Lord North ; & soutint que ce Ministre en étoit informé comme lui.

Quoique je ne sois pas surpris que l'Abbé Raynal se soit trompé, sur des faits historiques qui se sont passés à une si grande distance de lui, j'avoue que je ne puis m'empêcher de l'être, quand je le vois s'égarer (au moins suivant mon jugement) dans le champ mieux connu, des réflexions & de la philosophie. Ici les matériaux lui appartiennent ; il les crée, pour ainsi dire, il les dispose, il les arrange à son gré ; & les erreurs, s'il s'en trouve, sont entièrement de lui, & peuvent lui être reprochées.

Jusqu'ici j'ai borné mes remarques aux circonstances, à l'ordre dans lequel elles se sont succédées, & aux événemens qu'elles ont produits : dans toutes ces choses, mes informations étant meilleures que celles de l'Abbé Raynal, ma tâche étoit facile. J'ai moins de confiance, quand il s'agit de contredire, sur des matières de sentiment & d'opinion, un homme que les années, l'expérience & la voix publique, ont placé depuis long-temps dans le premier rang ; & cependant, ces choses m'ont fourni des observations que je ne puis passer sous silence.

Depuis cet endroit de son Ouvrage, dans lequel l'Abbé Raynal s'explique sur le refus des offres, jusqu'à la fin, je trouve plusieurs expressions qui me paroissent tenir davantage d'une indifférence cinique que de la noble liberté d'une ame élevée ; & quelques autres dont le sens me paroît si obscur, qu'on n'y peut remarquer aucune des beautés qui distinguent les autres parties.

L'Abbé Raynal étant parvenu au temps où commença le Traité d'aillliance entre la France & les Etats-Unis, se permet à ce sujet quelques remarques.

» Enfin, dit-il, la Philoſophie, dont le de-
» ſir eſt de voir tous les Gouvernemens juſtes,
» & tous les Peuples heureux, en portant un
» coup d'œil ſur cette alliance d'une Monarchie
» avec un Peuple qui défend ſa liberté, *en*
» *cherche le motif: elle voit trop que le bonheur*
» *de l'humanité n'y a point de part.* «

Il importe peu de ſavoir dans quelle diſpoſition d'eſprit ou d'humeur ſe trouvoit l'Abbé Raynal quand il écrivit ce paſſage. Cette connoiſſance ne peut rien ajouter ou retrancher au mérite du ſentiment qu'il y exprime. Si ce ſentiment eſt juſte, il n'a pas beſoin d'apologie; s'il eſt faux, il ne peut être excuſé. Il eſt préſenté comme une opinion de philoſophie, & doit être examiné ſans égard pour l'Auteur.

Il ſemble que ce ſoit un travers généralement attaché au génie, d'aimer mieux s'exercer ſur des matières de pure curioſité que ſur des matières utiles: l'inquiétude naturelle à l'homme le porte à examiner l'origine des choſes; il en veut connoître le comment & le pourquoi, ou bien il n'eſt pas content; il faut qu'il entre pour ainſi dire dans les conſeils du ſort, ou quelque choſe va mal à ſon gré. Quelle eſt la cauſe de cette diſpoſition? Eſt-ce crime? eſt-ce caprice ou légèreté ? Je ne décide point ; je m'arrête au ſens que préſente le paſſage que je viens de citer, & je vais déduire mes objections.

Premièrement, il me ſemble que ce n'eſt pas tant ſur les motifs qui produiſirent l'alliance, que ſur les ſuites qu'elle peut avoir, que doivent s'exercer les réflexions du Philoſophe. Les motifs, enveloppés dans l'obſcurité du ſecret, ne peuvent être que difficilement pénétrés, & l'on riſque à tout moment de s'égarer dans de vaines conjectures. Les ſuites préſentent à l'eſprit un champ vaſte de ſpéculations agréables ; & le Philoſophe qui les obſerve, voit, pour ainſi dire, croître & ſe développer ſous ſes yeux une foule de proſpérités & de biens.

Au reſte, je m'en tiens à la ſignification littérale du paragraphe en queſtion, & j'y trouve une erreur de la plus grande importance. L'Auteur y déclare ce qu'aucun homme n'a le droit de déclarer. Qui peut avancer en effet que le bonheur de l'humanité n'eût point de part aux motifs qui produiſirent l'alliance ? Pour oſer le dire, il faudroit avoir pénétré juſqu'au fond l'eſprit & le génie des nations qui s'y trouvent compriſes ; il faudroit y avoir découvert, & pouvoir y faire reconnoître d'autres motifs.

A mesure que l'indépendance de l'Amérique fut mieux connue, les biens qu'elle nous procuroit, & les nombreux avantages qu'elle promettoit au genre humain parurent s'accroître de jour en jour : elle assuroit non-seulement le bien-être momentané de la génération actuelle, mais son influence s'étendoit encore jusques sur notre postérité la plus reculée ; & ces motifs s'unissant aux raisons que nous avions d'ailleurs, nous déterminèrent à proposer & à accepter les conditions d'un Traité que nous regardions comme le meilleur moyen d'étendre & d'affermir notre bonheur. Ainsi l'Abbé Raynal se trompe par rapport à nous.

D'un autre côté, la France étoit dans une situation bien différente de celle de l'Amérique ; elle n'étoit pas dans la nécessité de se chercher des amis ; & c'est la plus forte preuve qu'en s'unissant à nous, elle ne put être déterminée que par de bons motifs, c'est-à-dire, par le désir de procurer quelque bien, puisqu'il n'y a pas de bons motifs sans cette condition. Elle voyoit pour elle-même dans l'alliance une foule de convenances dignes de son attention. En s'unissant avec une Nation malheureuse, elle s'assuroit un Allié fidèle ; & diminuant par-là la puisſance d'un ennemi qu'elle ne cherchoit alors ni à détruire ni à humilier; elle trouvoit ainſi le rare avantage de profiter ſans nuire. A quelque point que la politique influe ſur les actions de cette nature, il doit y avoir quelque choſe de bon dans les premiers reſſorts qui les produiſent. Dans toutes les cauſes bonnes ou mauvaiſes, il faut néceſſairement, pour que l'eſprit puiſſe s'accommoder à l'objet, qu'il ſe trouve entr'eux une certaine conformité, ſans laquelle l'eſprit ne pourroit agir conſéquemment. On ne peut ſuivre une mauvaiſe cauſe par de bons motifs, ni reſter attaché long-temps à une bonne cauſe par de mauvais motifs : or, comme perſonne n'agit ſans motifs, il faut croire que puiſque dans cette occaſion ils ne peuvent être mauvais, ils doivent être admis comme bons. L'Abbé Raynal embraſſe dans ſes vues un trop grand eſpace ; il dédaigne de le parcourir par dégrés; & parce qu'il n'apperçoit pas d'un coup d'œil la bonté des conſéquences, il rejette trop légèrement celle du principe.

Il eſt bien vrai qu'on peut quelquefois s'engager, par de mauvais motifs, à ſoutenir une bonne cauſe ou à pourſuivre un objet utile; mais cela ne ſauroit jamais durer long-temps,

(& l'union de la France avec nous dure déjà depuis long-temps) car soit que l'esprit se réforme sur l'objet, soit qu'il en change la nature, tous deux finiront par s'accorder, ou ne tarderont pas à se séparer avec dégoût; & ce progrès naturel, quoique peu senti, du rapport ou de la contradiction entre l'objet & l'esprit, est dans le fond la cause secrete de la solidité ou du peu de durée des alliances. Chaque objet à la poursuite duquel un homme s'attache, est pour lui, du moins pendant quelque temps, une maîtresse nouvelle qui s'empare de son ame entière; si tous deux sont bons, si tous deux sont mauvais, alors l'union est naturelle; mais si leurs caractères sont trop différens, s'ils ne peuvent, ni se séduire, ni se réformer l'un l'autre, l'opposition dégénère bientôt en haine, & le divorce la suit.

Aux premiers bruits qui se répandirent sur la révolution, il y eut bien des gens qui sans autres motifs que l'intérêt, s'engagèrent, en aventuriers, à la suite de l'Amérique, & lui prodiguèrent les protestations d'honneur & d'attachement; ils publioient hautement ses louanges; ils offroient leurs services; tout retentissoit des acclamations de leur ardeur & de leur colère; on les auroit pris pour des hommes en délire. Hélas ! ils ne desiroient que la fortune ; leur avarice étoit excitée ; mais leur ame n'avoit point reçu d'impression profonde ; ils ne trouvèrent point parmi nous ce qu'ils y cherchoient ; & sans se réformer sur notre exemple, ils cessèrent leurs vaines démonstrations, & souvent même ils nous abandonnèrent & nous trahirent.

D'autres traitèrent d'abord l'Amérique avec une sorte d'indifférence ; & ne connoissant pas son caractère, semblèrent craindre de se lier avec elle. Ils regardoient le nom de liberté comme un beau masque pour déguiser les horreurs de l'anarchie ou de la tyrannie ; ils la méconnoissoient cette liberté ; sans doute elle leur paroissoit belle, mais ils se défioient de sa beauté ; & quoique née au milieu de nous, elle y paroissoit toujours étrangère.

D'autres enfin furent conduits vers nous par le hazard & la nécessité ; ils osèrent nous envisager ; ils se sentirent disposés à communiquer avec nous, jusqu'à ce qu'enfin une privauté en amenant une autre, tous les soupçons s'évanouirent ; & les cœurs se changèrent par dégrés. N'étant point détournés par l'intérêt personnel ; n'étant point forcés à servir des passions étrangères & honteuses ; ils s'enflammèrent pour notre nôtre innocence, & partagèrent depuis avec fidélité toutes les variations de notre fortune.

Cette réflexion de l'Abbé Raynal, sur les motifs du Traité, m'a engagé malgré moi dans une suite de raisonnemens métaphysiques. Mais il me semble qu'il n'y avoit pas de meilleure méthode pour lui répondre. Opposer une conjecture à une autre conjecture, une assertion à une autre assertion, me paroît une manière de réfuter vaine & sans effet; c'est pourquoi j'ai préféré de faire voir que sa réflexion ne s'accorde ni avec le cours naturel de l'esprit, ni avec l'influence qu'il a coutume d'avoir sur notre conduite. A présent, sans m'arrêter davantage sur cette partie de mon sujet, je reviens à ce que j'ai établi ci-dessus, savoir, que c'est plutôt sur les suites que sur les motifs de l'alliance, que doivent s'exercer les réflexions du Philosophe.

Le cercle de la civilisation est encore incomplet; c'est une remarque que j'ai déja faite ailleurs. Les besoins mutuels, en rassemblant les individus de chaque contrée, formèrent ainsi les sociétés particulières & le progrès de la civilisation s'est arrêté là; car il est aisé de voir que, nonobstant ces loix idéales, qu'on appelle loix des Nations, & que chacun interprête à sa mode, les peuples sont encore, les uns par rapport aux autres, ce que sont les individus dans l'état de nature; ils ne sont gouvernés par aucun principe fixe, par aucune loi coercitive; & chacun d'eux, sans aucun égard pour les autres, fait indifféremment tout ce qu'il veut, ou tout ce qu'il peut.

Si nous avions pu voir le genre humain dans son premier état de barbarie, nous n'aurions pas manqué de conclure qu'il étoit impossible de le voir arriver jamais à ce point de politesse, auquel cependant il ne laisse pas d'être parvenu. Sans doute il dût être aussi difficile, pour le moins, d'agir sur l'esprit farouche des premiers hommes, qu'il le seroit à présent de modifier l'esprit des Nations: Or, puisque malgré tant d'obstacles le premier changement n'a pas laissé d'avoir lieu; pourquoi désespérions-nous de l'autre?

Sûrement il est plus facile de disposer à présent les hommes à se prêter au progrès de la civilisation générale, qu'il ne le fut d'inspirer les premières idées de morale aux premiers individus; de même, qu'il est plus aisé d'assembler les parties d'une machine quand elles ont ſubi les préparations de l'art, que de leur donner la première forme, & de les tirer du ſein de la matière brute. La condition actuelle du monde, différant prodigieuſement de ce qu'elle étoit autrefois, a donné à l'eſprit humain une tournure nouvelle, à laquelle il ne me paroît pas qu'on ait fait aſſez d'attention. Aujourd'hui, les beſoins de l'individu qui produiſirent les premières idées de ſociété ſe ſont étendus; ils ſont devenus les beſoins de tout un peuple, & chaque homme dépend à préſent de quelque Nation étrangère, par ces mêmes beſoins qu'il pouvoit ſatisfaire autrefois avec le ſecours d'un petit nombre de compagnons.

Les Lettres, cette langue univerſelle du monde, ont en quelque ſorte rapproché toutes les Nations, & par un de leurs plus doux uſages, chaque jour elles opèrent quelque liaiſon nouvelle; par elles, les Peuples éloignés deviennent capables de commercer enſemble; & perdant par dégrés, cette rudeſſe mal-adroite, & cette humeur ſoupçonneuſe qui accompagnent ordinairement les Etrangers, ils apprennent à ſe connoître & à ſe comprendre. La ſcience protectrice bienfaiſante de tous les pays de l'Univers, n'a de préférence excluſive pour aucun d'entr'eux : ſon influence ſur les eſprits, ſemblable à celle du Soleil ſur la terre glacée, les prépare depuis long-temps pour une meilleure culture : le Philoſophe d'un pays ne voit plus ſon ennemi dans le Philoſophe d'un autre pays, il s'aſſied dans le temple du Savoir, & ne s'informe pas d'où viennent ceux qui ſont aſſis près de lui.

Il n'en étoit pas ainſi du monde encore barbare, alors les beſoins de l'homme étoient en petit nombre, & les objets de ces beſoins ſe trouvoient à ſa portée : Tant qu'il pouvoit les ſatisfaire avec facilité, il vivoit dans un état d'indépendance individuelle ; d'où il réſulte qu'il y avoit dans ces premiers temps autant de nations que de perſonnes ; chacun ſe trouvant en guerre avec les autres, ſoit pour défendre ce qu'il avoit, ſoit pour ſe procurer ce qu'il n'avoit pas. Les hommes ne connoiſſoient alors ni la néceſſité des affaires pour amuſer leur ennui, ni celle de l'étude pour exercer leur ame ; tout leur temps étoit partagé entre la pareſſe & la fatigue ; la chaſſe & la guerre étoient leurs principales occupations ; le ſommeil & la table étoient leurs principales jouiſſances.

A présent tout est changé : une nouvelle manière de vivre a rendu le fracas des affaires nécessaire à l'homme ; il trouve autour de lui mille manières d'occuper son loisir qu'il ne connoissoit pas auparavant ; il ne place plus comme autrefois ses idées de grandeur dans les exploits féroces d'un sauvage ; il étudie les Arts, les Sciences, l'Agriculture, le Commerce ; études vraiment dignes du Philosophe ! véritables principes de la société, & seules capables de perfectionner l'homme moral.

Il y a beaucoup de choses qui bien qu'elles ne soient en elles-mêmes, moralement parlant, ni bonnes ni mauvaises, ne laissent pas cependant d'être susceptibles de conséquences, qui portent fortement l'empreinte de l'un ou l'autre de ces caractères. Par exemple, quoique le commerce considéré abstractivement, ne soit capable d'aucun effet moral, il n'a pas peu contribué cependant à l'adoucissement des mœurs. Ce fut le défaut d'objets auxquels l'esprit de l'homme put s'appliquer, qui produisit parmi les peuples de l'ancien monde ce terrible & continuel penchant à la guerre ; leur loisir les accabloit, parce qu'ils ne connoissoient pas les moyens de l'employer : l'indolence dans laquelle ils vivoient, leur donnoit du temps pour ſe nuire ; & l'on ne doit pas s'étonner ſi, livrés tous à la même oiſiveté, & preſque égaux en tout d'ailleurs, peu de choſe excitoit leur colère, & réveilloit leur activité.

L'introduction du commerce, en multipliant les objets d'occupation, a donné, pour ainſi dire, au monde une face nouvelle, & par ſon moyen, les hommes de tous les états peuvent à préſent exercer leurs ſpéculations & leur induſtrie ; par un effet purement méchanique, il change le cours de leurs paſſions ; il détourne leur attention de ces jeux funeſtes que l'oiſiveté leur rendoit néceſſaires ; & nous les voyons commercer à préſent avec les mêmes peuples, auxquels ils euſſent fait autrefois la guerre, pour des productions que, par une ſuite de leur indolence & de leur pareſſe, ils n'étoient pas alors en état d'acheter.

Ainſi donc, comme je l'ai déjà remarqué, l'état du monde étant eſſentiellement changé par l'influence des ſciences & du commerce, il ſe trouve à préſent au point néceſſaire, non-ſeulement pour comprendre l'utilité de la civiliſation générale, mais encore pour en deſirer l'avancement. Le principal & preſque le ſeul ennemi qui s'oppofe encore à fes progrès, c'eft le préjugé ; car il eft d'ailleurs de l'intérêt de tous les hommes de s'accorder fur les moyens d'améliorer leur fort. La terre paroît maintenant partagée d'une manière durable, les bornes des différens Empires font connues & fixées; ces vaftes idées de conquête dont fe repaiffoient les Grecs & les Romains n'exiftent plus à préfent, & l'expérience a détrompé les hommes de l'efpoir de s'enrichir par la guerre : en un mot, les fujets de querelle font extrêmement diminués aujourd'hui, fi l'on en excepte ceux qui naiffent du préjugé & de l'opiniâtreté qu'il infpire.

Il n'y eut peut-être jamais deux événemens plus heureufement combinés pour la deftruction du préjugé, que la révolution de l'Amérique & fon alliance avec la France ; leur influence fe fait déjà fentir dans l'ancien monde, auffi bien que dans le nouveau. Notre manière d'écrire & de penfer, a fouffert une révolution plus furprenante encore que celle qui donne une forme nouvelle à notre Gouvernement ; il femble que nous ayons changé tout-à-la-fois d'yeux, d'oreilles & de penfées. Nous regardons à préfent nos préjugés comme ceux d'un autre peuple, nous les reconnoiſſons pour des préjugés, nous ſommes comme des Eſclaves délivrés de leurs fers : mais ſi nos ames jouiſſent enfin d'une liberté que nous ne connoiſſions pas auparavant, nous devons avouer que jamais, ſans la double circonſtance de la révolution & de l'alliance, les raiſonnemens les plus forts & les plus perſuaſifs, n'euſſent pu produire un changement ſi néceſſaire au progrès des lumières & de la bonne foi.

Si l'Amérique ſe fut ſéparée paiſiblement de l'Angleterre, cet évènement n'eût produit aucun changement eſſentiel dans les ſentimens. Les mêmes notions, les mêmes préventions qui gouvernoient auparavant les deux Peuples, les gouverneroient encore. Toujours eſclaves de l'erreur & de l'éducation, nous continuerions à parcourir ſervilement le cercle étroit des idées populaires ; mais les moyens qui préparèrent la révolution, épurant pour ainſi dire nos ames, y détruiſirent juſques dans leurs racines les préjugés qui les égaroient, tant par rapport à nous-mêmes, que par rapport à la France & à l'Angleterre, & nous diſpoſèrent à recevoir & à préférer cette eſpèce de bonheur qui peut s'accorder avec celui des autres.

Il n'y eut peut-être jamais d'alliance établie ſur des fondemens plus vaſtes que celle qui réunit l'Amérique à la France, & les ſuites qu'elle peut avoir ſont dignes de la plus grande attention. Ces deux pays avoient été ennemis à cauſe de l'Angleterre ; il n'y avoit originairement entr'eux aucun ſujet de querelle, ſi l'on en excepte les intérêts de cette dernière, pour la défenſe deſquels l'Amérique s'étoit armée contre la France. Alors les Américains éloignés du monde, & ne le connoiſſant point, nourris d'ailleurs dans les mêmes préjugés qui gouvernoient leurs dominateurs, regardoient comme un devoir d'obéir aux impreſſions qu'ils en recevoient ; & dans ces idées, ils s'épuiſoient à faire des conquêtes pour ces Maîtres inſolens, qui, pour toute reconnoiſſance, les traitoient en eſclaves.

Une longue ſuite d'injuſtices & de mauvais traitemens de la part de l'Angleterre, & la rupture totale cauſée enfin par le commencement des hoſtilités à Léxington le 19 Avril 1775, produiſirent naturellement une nouvelle façon de penſer. A meſure que les cœurs ſe fermoient à l'Angleterre, ils s'ouvroient au reſte du monde ; nous examinames à la fois les cauſes de l'oppreſſion qui nous accabloit, & nos préjugés; juſqu'à ce qu'enfin nous trouvames ces derniers auſſi contraires à la raiſon & à la bienveillance, que les premières l'étoient à tous les droits politiques & civils.

Tandis que nous étendions par dégrés le cercle de notre morale, l'alliance avec la France fut conclue, alliance non pas uniquement cauſée par les beſoins d'un jour, mais établie ſur des fondemens plus juſtes & plus ſolides; les deux Peuples y trouvoient des avantages égaux; & par la manière ouverte & affectueuſe avec laquelle ils ont vécu depuis entr'eux, elle devint enfin non-ſeulement un Traité politique entre les Gouvernemens, mais encore un lien moral entre les deux Nations. A préſent nos ames ſont unies comme nos intérêts, & nos cœurs, auſſi-bien que notre proſpérité, demandent la continuation de cette union.

Les Peuples d'Angleterre n'ayant point éprouvé ces changemens ne peuvent en avoir l'idée; ils careſſoient, dans le fond de leurs cœurs, ces mêmes préjugés que nous foulions à nos pieds; & le deſir de nous retenir ſous le joug, fut en eux une ſuite de cet égoïſme, & de cette médiocrité de vues que l'Amérique dédaignoit. Nous méprisions ce qui les enorgueillissoit, & ce fut une des raisons principales qui firent manquer toutes leurs négociations, fondées sur des principes si différens de ceux que nous venions d'adopter. Nous sommes réellement à présent un autre Peuple; nous ne pouvons plus revenir à notre ancienne ignorance, ni reprendre nos anciens préjugés, & l'esprit une fois éclairé ne peut plus retomber dans les ténèbres; on ne peut à la fois connoître & ne pas connoître, & je ne crois pas qu'il existe de terme pour exprimer cet état de l'esprit; c'est pourquoi toute espèce de tentative de la part de l'Angleterre, fondée sur les anciennes dispositions de l'Amérique, & sur l'espoir de la ramener à ces dispositions, me paroissent entièrement semblables à celles qu'on pourroit faire, pour persuader à un homme qui voit, de devenir aveugle, ou à un homme spirituel & sensible, de devenir stupide. La première de ces choses n'est pas naturelle, la seconde n'est pas possible.

La remarque que fait l'Abbé Raynal sur la différence des deux Nations, dont l'une se gouverne en République, tandis que l'autre obéit à un Monarque, ne peut avoir de signification essentielle. Qu'importent aux Traités les formes des

Gouvernemens? Celles-ci comprennent la police intérieure des Peuples, considérés comme isolés & sans aucun rapport les uns aux autres ; les Traités font partie de leur police extérieure, suivant les relations qu'ils ont entr'eux. Aussi long-temps qu'ils remplissent leurs engagemens mutuels, nous n'avons pas plus de droit de rechercher leur conduite dans les affaires particulières, que nous n'en avons de nous ingérer dans les intérêts domestiques d'une famille.

Si l'Abbé Raynal y eut réfléchi un moment, il eût vu que quel que soit d'ailleurs la nature des Puissances qui gouvernent les hommes, ces puissances sont entr'elles dans une égalité républicaine. C'est-là le premier & le véritable principe des alliances. L'ancienneté peut avoir assuré certains honneurs aux uns ; le pouvoir donne naturellement à d'autres l'importance & la considération qui la suit. Mais tous s'accordent sur l'égalité des droits de chacun. Il sera bon d'ailleurs de remarquer ici qu'une Monarchie ne compromet en rien sa félicité intérieure en s'alliant avec une République ; & que jamais la ruine des Républiques ne fut la suite de leurs alliances, mais seulement de leurs divisions intestines. Il y a plus de deux cens ans que la France est alliée avec la Suisse, sans que la constitution de cette dernière ait souffert plus d'altération que si elle ne se fut alliée qu'avec une République comme elle. Ce seul exemple suffiroit pour détruire entièrement la remarque de l'Abbé Raynal. Il seroit à souhaiter au contraire que les Gouvernemens favorisassent le rapprochement des Peuples. On peut toujours trouver à perfectionner ses mœurs ou ses principes dans une communication plus libre & plus étendue ; & c'est par ce moyen que, sans égard aux intérêts personnels, l'amitié peut s'étendre dans tout l'univers sur les ruines des préjugés.

L'Abbé Raynal, nonobstant ses protestations en faveur de la liberté, ne laisse pas de s'oublier quelquefois, & l'on apperçoit que sa théorie est plutôt le produit de son imagination que de son jugement. Presque à l'instant où il vient de condamner l'alliance, comme ne s'accordant pas avec le bonheur du genre humain, il tombe en contradiction avec lui-même, en accusant la France d'avoir agi dans cette occasion avec si peu de réserve & tant de générosité. « Pourquoi, dit-il, (en parlant de

» la France) s'être mis par un Traité in-
» considéré, dans les fers du congrès, qu'on
» auroit tenu lui-même dans la dépendance par
» des subsides abondans & réglés. »

Quand un Auteur entreprend de traiter du bonheur public, il doit bien s'assurer auparavant que ses passions ne peuvent l'égarer, & qu'il est incapable de prendre les rêves de son imagination pour des droits ou pour de principes. Les principes comme la vérité n'ont pas besoin d'artifice; ils se présentent naturellement, & toujours de la même manière. Mais tout ouvrage sur ces matières, qui ne porte pas l'empreinte de l'évidence & de la simplicité, doit être examiné dans toutes ses parties, comme un ouvrage de pure invention.

J'avoue que je ne puis m'empêcher d'être surpris de ce passage de l'Abbé Raynal; il ne signifie rien du tout, ou sa signification est mauvaise; & dans l'un ou l'autre cas, il sert à faire voir la prodigieuse différence qui se trouve entre les connoissances de pure spéculation & les connoissances pratiques. Suivant le langage de l'Auteur, un Traité n'entraîneroit aucune affection entre les Peuples, & son influence bornée au besoin du moment, cesseroit avec la cause qui le produisit. — La France agissant dans des vues supérieures à cette politique étroite, s'est établi par sa générosité une réputation plus noble, en même temps qu'elle s'assuroit l'amour d'un pays auquel elle étoit étrangère auparavant. Elle traitoit avec un Peuple qui suivoit simplement les inspirations de la nature, & vit sagement qu'aucun des avantages qu'elle avoit à se promettre des conditions inégales d'un traité artificieux, ne pouvoit balancer les biens plus durables, qui devoient résulter pour elle d'une conduite plus franche & plus désintéressée.

L'Abbé Raynal cherche à pénétrer ensuite les intentions secrètes des cabinets de Madrid & de Versailles, par rapport à l'indépendance de l'Amérique. Je ne le suivrai point dans le détail de ses conjectures : c'est une chose suffisamment frappante sans qu'on s'y arrête, que l'ancienne union de l'Amérique avec l'Angleterre, composoit une puissance, qui, dirigée par cette dernière pouvoit devenir fatale au monde : & l'on peut supposer sans invraisemblance, que, si l'Angleterre, avant d'engager la querelle, eut connu nos forces aussi bien qu'elle les connut depuis, loin de chercher à nous ſubjuguer, elle nous eût propoſé la conquête du Méxique. Au reſte, quoiqu'il n'y ait aucune Puiſſance en Europe qui dût appréhender plus que l'Eſpagne, les ſuites de la bonne intelligence entre l'Angleterre & les Colonies Angloiſes; il eſt certain encore qu'elle n'a rien à craindre de ces Puiſſances déſunies.

Je m'arrêterai plus particulièrement ſur cette partie de l'Ouvrage, dans laquelle l'Abbé Raynal, ſaiſit une occaſion de ſe répandre en éloges & en témoignages d'admiration, ſur le refus qu'on fit en Angleterre, de la médiation propoſée en 1779, par la Cour de Madrid.

Il faut ſe ſouvenir qu'avant que l'Eſpagne ſe joignît à la France dans cette guerre, elle avoit entrepris le rôle de médiatrice, & propoſé au miniſtére Britannique des conditions ſi exceſſivement favorables pour l'Angleterre, que ſi elles euſſent été acceptées, elles pouvoient beaucoup nuire à l'Amérique, qui peut-être même n'auroit pu s'y prêter. Il faut ſe ſouvenir encore, que le cabinet Anglois rejetta ces propoſitions; ſur quoi l'Abbé Raynal s'exprime ainſi:

« C'eſt

« C'eſt dans une circonſtance pareille, c'eſt » lorſque la fierté élève les ames au-deſſus de » la terreur, qu'on ne voit rien de plus à re- » douter que la honte de recevoir la loi, & » qu'on ne balance pas entre la ruine & le deſ- » honneur : c'eſt alors que la grandeur d'une » nation ſe déploie ; j'avoue toutefois que les » hommes accoutumés à juger des choſes par » l'événement, traitent les grandes & péril- » leuſes révolutions d'héroïſme ou de folie, » ſelon le bon ou le mauvais ſuccès qui les » ont ſuivies. Si donc l'on me demandoit quel » eſt le nom qu'on donnera dans quelques an- » nées à la fermeté que les Anglois ont mon- » trée dans ce moment, je répondrois que je » l'ignore. Quant à celui qu'elle mérite, je le » ſais ; je ſais que les annales du monde ne » nous offrent que rarement l'auguſte & ma- » jeſtueux ſpectacle d'une Nation qui aime » mieux renoncer à ſa durée qu'à ſa gloire ».

Les idées exprimees dans ce paragraphe ſont grandes, & préſentées d'ailleurs avec élégance & nobleſſe ; mais le coloris en eſt trop fort, & la reſſemblance s'y perd dans les détails trop flatés. L'art de proportionner à ſon ſujet ſes penſées & ſon ſtyle, de manière à frapper directement le but qu'on se propose, sans s'égarer jamais dans de vaines digressions, me paroît la véritable pierre de touche du talent d'écrire. Dans la plupart de ses Ouvrages, l'Abbé Raynal (qu'il me pardonne cette remarque) me paroît s'écarter trop souvent de son sujet; il les surcharge d'une inutile variété: On peut les comparer à quelque paysage agréable & désert, au travers duquel on n'a pratiqué nulle route; tous les objets y flatent également la vue, aucun nela fixe & ne l'attire; on s'y plaît, on aime à s'y égarer, mais il est difficile d'en trouver l'issue.

Avant de me permettre aucune observation sur l'esprit & la composition de ce passage, je vais le rapprocher des circonstances auxquelles il fait allusion.

Si nous examinons attentivement la nature de ces circonstances, nous trouverons bientôt que les Anglois ne méritent en rien les louanges outrées de l'Abbé Raynal. Le refus de la médiation, fut plutôt l'effet de leur vanité que de leur courage; bien loin que leur situation fut désespérée, elle n'étoit pas même extrêmement périlleuse; & par conséquent, ces expressions exagérées sur la prétendue résolution qu'ils prirent de renoncer à leur exiſtence, plutôt qu'à leur gloire, ne conviennent en rien à la ſituation où ils ſe trouvoient alors. Ils avoient les plus fortes eſpérances de ſubjuguer l'Amérique, & ne voyoient contre eux d'autre puiſſance maritime que la France; puiſqu'il n'étoit pas même sûr que le refus de la médiation déterminât l'Eſpagne à s'unir à cette dernière. Ne pouvoit-il pas enfin ſe préſenter d'autres médiations plus favorables que celles qu'ils refuſoient? Mais ſuppoſé qu'il ne s'en préſentât pas, & qu'enfin l'Eſpagne prît le parti de faire cauſe commune avec la France, les forces navales de la Grande-Bretagne, qui, d'ailleurs lui étoient abſolument inutiles en Amérique, n'avoient toujours à ſe déployer que contre celles de ces deux Nations, auxquelles on ſait qu'elle ſe croyoit infiniment ſupérieure.

Quelques puſſent être enfin, les ſuites de cette démarche, il eſt bien certain qu'elle n'entraînoit nullement pour la Grande Bretagne l'idée de renoncer à ſon exiſtence. Il n'eſt pas de la politique de l'Europe de permettre la deſtruction totale d'aucune des Puiſſances qui la compoſent, mais ſeulement de s'oppoſer aux vues ambitieuſes de quelques-unes d'entre elles. L'Angleterre étant une Isle, se trouve garantie par sa position naturelle des dangers d'une invasion : bien loin qu'elle prévit sa ruine, elle prodiguoit les trésors, & ne méditoit que des conquêtes ; & quoiqu'alors elle n'eût fait aucune perte, & qu'il ne lui en coûtât encore que les frais de la guerre, elle ne laissoit pas d'envisager d'un œil avide les plus riches dédommagemens.

Si l'Abbé Raynal se plaît tant à représenter les singularités frappantes des caractères nationaux, l'Amérique pouvoit fournir une ample matière à ses louanges. Il y auroit trouvé des hommes, qui, sans connoître quel parti l'Europe voudroit prendre dans leur querelle, se déterminent, sur un plan dont l'expérience n'avoit pas encore démontré la solidité, à braver une puissance contre laquelle les Nations les plus formidables avoient échoué : sans autre connoissance que celle des principes sur lesquels ils fondoient leur résolution, ils avoient tout à apprendre ; dépourvus des choses nécessaires à leur défense, ils avoient à se les procurer : supérieurs à la bonne comme à la mauvaise fortune, ils se sont vu réduits aux derniers termes du malheur, sans que leur courage en fût ébranlé ; & dans les retours de la prospérité la plus inattendue, ils n'ont point dégradé la dignité de leur caractère, par les vains éclats d'une joie puérile. Les hésitations ou le découragement sont des choses également inconnues aux Américains, & l'on peut dire qu'ils étoient préparés à tout ; car toutes les circonstances possibles se trouvoient renfermées dans la résolution inébranlable qu'ils avoient prise, de vaincre ou de mourir.

Dans l'état où se trouvoit l'Amérique en 1778, il y eut sans doute plus de courage de sa part, à rejetter les propositions qui lui furent faites au nom de l'Angleterre, que n'en montra la Cour de Londres dans le refus qu'elle fit de la médiation de l'Espagne : c'est ce qui fait, que d'autres Historiens, frappés comme l'Abbé Raynal, de la vigueur & de la fierté de cette résolution, n'ont pas manqué de l'attribuer à un événement, dont nous n'avions alors aucune connoissance, je veux parler du traité conclu avec la France, & certainement l'erreur dans laquelle ils étoient tombés, fait bien voir l'idée qu'ils avoient conçue de la magnanimité de cette conduite, puisqu'ils ont eu recours pour l'expliquer, à des causes qu'ils regardoient comme en proportion avec elle, sans savoir que ces causes se trouvoient dans les principes devenus familiers à la Nation (1).

---

(1) Extrait d'un Ouvrage intitulé : *Courte revue du présent Règne.*

EN ANGLETERRE.

Page 45, dans le nouveau Regiſtre annuel * *pour l'année* 1780.

» Les Commiſſaires Anglois qui vinrent en Amé-
» rique, pour propoſer des conditions de paix aux
» Colonies, en conſéquence des Bills conciliatoires
» du Lord North, ne purent réuſſir dans cette négo-
» ciation. Des conceſſions qui auroient été reçues
» auparavant avec la plus grande reconnoiſſance,
» furent rejettées avec dédain. Le temps de l'orgueil
» & de la hauteur étoit venu pour les Américains.
» Il eſt probable cependant que l'orgueil tout ſeul
» ne dicta pas les réſolutions du Congrès, & qu'elles
» furent l'effet du peu de confiance qu'avoient les
» Américains dans la ſincérité des offres de la Grande-
» Bretagne, de la réſolution qu'ils avoient priſe de
» n'abandonner jamais leur liberté, *& ſur-tout des*
» *engagemens dans leſquels ils étoient entrés, par leur*
» *dernier Traité avec la France.*

---

* In the new annual Regiſter for the year 1780.

Mais indépendamment de leur injuſtice, ces louanges, que prodigue l'Abbé Raynal, ſont encore ſujettes à d'autres objections de la part du Moraliſte & du Philoſophe. Elles ſont l'effuſion d'un ſentiment barbare, & ſemblent deſtinées à prévenir ces retours d'humanité, qui ſeuls pourroient expier la conduite criminelle que l'Angleterre a tenue juſqu'à préſent. Elles tiennent lieu d'une eſpèce d'opium pour calmer les remords de la Cour. Elles endorment, dans un ſommeil léthargique, la conſcience d'une Nation; & ſouvent on fait plus de mal par cette affectation, à prêter au crime des excuſes ſpécieuſes, qu'on n'en pourroit faire en s'en déclarant ouvertement le protecteur.

L'Angleterre eſt à préſent le ſeul Empire qui retienne le monde plongé dans le trouble & dans la guerre; & l'Abbé Raynal développeroit un caractère à la fois plus noble & plus juſte, ſi loin de la flater comme il le fait ſur les excès auxquels elle s'eſt portée, il lui eût adreſſé au contraire ces queſtions importantes.

N'y a-t-il donc pas aſſez de maux dans le monde, & des maux déja trop difficiles à ſupporter, ſans que l'homme s'applique encore à multiplier les moyens de ſa deſtruction? Sa vie eſt-elle donc ſi longue, que ce ſoit une néceſſité, que ce ſoit même un devoir d'en précipiter la fin? Le ſentier qu'il parcourt eſt-il ſi doux, ſi parſemé de toutes ſortes de plaiſirs, qu'il ait quelquefois beſoin du malheur, pour mieux apprécier enſuite les agrémens de ſa ſituation? Ah, malheureux! demande à ton cœur, dévoré de tous les chagrins; demande à ton corps, épuiſé par des maladies rebelles au ſecours de l'art; interroge toute ta perſonne, & vois ſi c'eſt-là ton hiſtoire.

Mais je termine mes remarques ſur ce ſujet, pour examiner un autre paſſage dans lequel l'Abbé Raynal laiſſe appercevoir *une veine* de malignité, & qui pis eſt d'injuſtice.

Après avoir chicané quelque-temps ſur les cauſes du Traité, il eſquiſſe les différens caractères des Peuples alliés. « Eſt-il poſſible, dit-il, » qu'une union étroite puiſſe long-temps ſubſiſter entre des Confédérés d'un caractère » auſſi oppoſé que le François emporté, dé» daigneux & léger; l'Eſpagnol lent, hautain, » jaloux & froid; l'Américain qui tient ſecrè» tement ſes regards tournés vers ſa mère pa» trie, & qui ſe réjouiroit des déſaſtres de ſes » Alliés, s'ils étoient compatibles avec ſon » indépendance? »

En général le monde accueille avec plaiſir ces portraits bizarres, que l'inimitié trace à la hâte, & répand, par vengeance, ou *ſeulement* par malignité ; mais ces miſérables jeux d'un eſprit léger ſont toujours au-deſſous de la gravité du Philoſophe, ſur-tout s'il lui arrive de s'y livrer ſans provocation, & ſi, loin d'être utiles, ils peuvent, au contraire, cauſer beaucoup de mal....... Sans doute l'Abbé Raynal auroit pu peindre de couleurs imaginaires, les différens caractèresde tous les Peuples du monde, qui peuvent à leur tour repréſenter le ſien chacun à ſa mode; juſqu'à ce que dans cette guerre d'eſprit, les véritables traits caractériſtiques ſe trouvent entièrement perdus. La gaieté d'une Nation & la gravité d'une autre, peuvent être tellement défigurées par une peinture exagérée, que ce tableau dégénère en une charge groſſière, dont le ridicule ſe répand juſques ſur le peintre.

Pourquoi l'Abbé Raynal n'examine t-il pas un peu plus attentivement, & ne rend-il pas juſtice au mérite de chacun? Pourquoi, par exemple, ne s'arrête-t-il pas avec plaiſir ſur cette grandeur de caractère, & ſur ce déſintéreſſement que la France a toujours développé dans le cours de ſes conquêtes, & que l'Angleterre même s'est vue contrainte d'avouer ?

Il est une chose du moins (& l'on en pourroit citer beaucoup d'autres) sur laquelle les alliés se sont constamment accordés; tous ayant, pour ainsi dire, disputé de douceur & de clémence dans le traitement qu'ils ont fait à leurs ennemis. L'Espagne, dans la conquête de Minorque & des Isles de Bahama, confirme parfaitement cette remarque; & malgré les outrages qu'avoit reçus l'Amérique depuis le commencement de la guerre, elle n'a pas varié dans son plan de modération. L'Angleterre seule s'est montrée insolente & cruelle.

Mais pourquoi charger l'Amérique d'une inculpation qu'elle n'a méritée, ni par sa conduite, ni par ses principes, & qui la déshonoreroit aux yeux du monde, si elle étoit prouvée ? Je veux parler du reproche que lui fait l'Auteur, de manquer d'attachement pour ses Alliés, & de se réjouir de leurs pertes. Elle s'est efforcée à la vérité de faire connoître au monde que, loin d'avoir été l'agresseur dans sa querelle avec l'Angleterre, elle n'avoit, au contraire, ni cherché, ni souhaité les moyens de rompre; mais il y auroit à la fois de l'injustice & de la cruauté à s'autoriser de la candeur de ſes aveux, pour flétrir ſon caractère par des imputations qu'on ne peut fonder que ſur ces mêmes aveux.

Le refus qu'elle fit des propoſitions de l'Angleterre en 1778, avant d'être informée du Traité avec la France, s'accorde-t-il avec la peinture que l'Abbé Raynal fait de ſes diſpoſitions ? Une ſeule circonſtance tirée de ſa conduite peut-elle juſtifier ce qu'il avance ?...... Mais il exiſte une autre preuve de l'eſpèce la plus forte en faveur de notre innocence, c'eſt que parmi toutes les lettres, ſoit officielles, ſoit particulières, qui furent priſes en différens temps, dans les différentes parties de l'Amérique, & publiées à Yorck-Town, il ne s'en trouve aucune ſur laquelle on puiſſe établir les reproches qu'on nous fait.

Nous ne vivons point ſous un de ces Gouvernemens qui craignent & qui répriment la liberté des diſcours; ſi donc on s'obſerve parmi nous ſur quelques ſujets, ce ne peut être que par la crainte d'encourir le reſſentiment du Peuple. Or, je demande à préſent ſur quelle baſe peuvent porter les reproches de l'Abbé Raynal, ſi la diſpoſition générale eſt telle en Amérique, qu'il ſeroit dangereux d'y montrer les moindres ſignes de joie à l'occaſion des malheurs de nos Alliés ; & ſi d'ailleurs on n'a pu trouver dans nos lettres, ſoit publiques, ſoit particulières, aucune raiſon de juſtifier de ſemblables ſoupçons ? J'ignore quelles perſonnes cet Auteur voyoit en France ; tout ce que je ſais, c'eſt que le compte qu'il rend des affaires de l'Amérique, ne s'accorde en rien avec la vérité.

Si l'Abbé Raynal ſe fut trouvé en Amérique, quand on y fut informé, pour la première fois, du malheur arrivé à la flotte du Comte de Graſſe aux Indes occidentales, il eût facilement reconnu ſon erreur. Je ne me rappelle aucune circonſtance, ſi l'on en excepte la perte de Charles Town, dans laquelle notre douleur ait été plus vive. Nous attendions, dans les agitations de l'eſpérance & de la crainte, la nouvelle qui devoit confirmer ou détruire ces premiers bruits ; enfin, quand cette perte nous eût été perſonnelle, elle n'auroit pas été plus fortement ſentie ; & ce n'étoit pas-là cependant un de ces événemens capables d'expoſer notre indépendance.

L'Abbé Raynal ſe trompe ſi groſſièrement & ſi ſouvent dans ſes détails géographiques ſur les treize Etats-Unis, que je ne pourrois relever toutes ſes fautes ſans excéder de beaucoup les bornes que je me ſuis preſcrites. Ces ſortes d'erreurs n'étant ni politiques ni hiſtoriques, ni *ſentimentales*, la nature même d'un pays les dément continuellement; c'eſt pourquoi je ne m'y arrêterai pas. Je remarquerai ſeulement, que je n'ai pas encore vu une deſcription de l'Amérique faite en Europe, ſur la fidélité de laquelle on puiſſe compter : pour s'en faire une juſte idée, il faut la voir & la parcourir.

Quoique j'aie déja donné à cette lettre plus d'étendue que je ne me l'étois propoſé d'abord, je me trouve cependant obligé de ſupprimer pluſieurs obſervations qui devoient y trouver place ſuivant mon premier plan. J'aurois déſiré de tout mon cœur que l'ouvrage de l'Abbé Raynal n'eût pu me fournir que des ſujets d'éloges; mais les idées fauſſes qu'il contient, & les impreſſions dangereuſes que peuvent laiſſer ces idées, me ſerviront d'apologie & juſtifieront la liberté de mes remarques.

L'Abbé Raynal a fait une eſpèce de précis de la brochure intitulée : *Le Sens-Commun*, qu'il a inſéré ſous cette forme dans ſon propre ouvrage ; & quoiqu'il n'en convienne nulle part, on pourroit citer beaucoup d'autres passages qu'il a tirés de la même source. Par exemple il a copié presque littéralement la distinction entre la Société & le Gouvernement par laquelle commence la brochure, & toutes les remarques qu'il fait d'ailleurs à ce sujet, sont si parfaitement conformes aux idées qui se trouvent dans le *Sens-Commun*, qu'on n'y sauroit remarquer d'autres différence, que celle des mots & du style. (1).

---

(1) *Le Sens Commun.*	*L'Abbé Raynal.*
» Quelques Ecrivains ont confondu la Société avec le Gouvernement, au point de les distinguer à peine l'un l'autre ; tandis que ces choses diffèrent non-seulement en elles-mêmes, mais encore par leur origine. »	Il faut bien se donner de garde de confondre ensemble les Sociétés & les Gouvernemens ; pour les connoître, cherchons leur origine.
» La Société fut le résultat de nos besoins, & les Gouvernemens furent le résultat de notre méchanceté : la Société contribue positivement à notre bonheur par la réunion de nos affections, & les Gouvernemens y contribuent négativement en réprimant nos vices. »	La Société est née des besoin des hommes, & les Gouvernemens de leurs vices. La Société tend toujours au bien ; le Gouvernement doit toujours tendre à réprimer le mal.

Les paragraphes suivans offrent moins de ressem-

Cependant, comme il eſt temps que je finiſſe cette Lettre, je ne me permettrai point de nouvelles obſervations, & je vais jetter un coup-d'œil rapide ſur l'état des affaires publi-

---

blance dans le langage; mais il eſt aiſé de reconnoître que les idées de l'un ſont entièrement copiées de l'autre.

Le Sens Commun.

» Pour nous faire une idée claire & juſte du but & de la fin du Gouvernement, imaginons un petit nombre d'hommes qui ſe rencontrent dans quelque lieu ſéparé du reſte du monde. Ces hommes ainſi raſſemblés, peuvent repréſenter les premières peuplades de quelques contrées, ou même de la terre entière. Dans cet état de liberté naturelle la Société ſera leur première penſée; mille motifs les y porteront: la force d'un homme eſt ſi peu proportionnée à ſes beſoins, ſon ame eſt ſi peu faite pour une ſolitude perpétuelle, qu'il eſt bientôt obligé de rechercher l'aſſiſtance d'un autre homme, qui, de ſon côté, demande les mêmes ſecours. Quatre ou cinq individus réunis ſeront en état d'élever

L'Abbé Raynal.

L'homme jetté comme au hazard ſur ce globe, environné de tous les maux de la nature; obligé ſans ceſſe de défendre & de protéger ſa vie contre les orages & les tempêtes de l'air, contre les inondations des eaux, contre les feux & les incendies des volcans, contre l'intempérie des zônes ou brûlantes ou glacées, contre la ſtérilité de la terre qui lui refuſe des alimens, ou ſa malheureuſe fécondité qui fait germer ſous ſes pas des poiſons; enfin, contre les dents des bêtes féroces qui lui diſputent ſon ſéjour & ſa

ques, depuis le temps où l'ouvrage de l'Abbé Raynal a été publié.

Le Sens Commun.

une habitation tolérable au milieu du désert le plus sauvage ; mais un homme seul pourroit épuiser dans le travail un temps plus long que le cours ordinaire de la vie, sans qu'il lui fût possible de rien achever. Il ne pourroit remuer de la place l'arbre qu'il auroit abattu, ni l'élever ou le placer ensuite selon ses vues. A chaque instant, la faim, ou d'autres besoins, le forceroient d'interrompre l'ouvrage commencé. Une maladie légère, un accident, entraîneroient presque toujours la mort de cet être isolé : incapable alors de pourvoir à sa nourriture, il mourroit de faim & de misère autant que des suites naturelles de son mal. Ainsi, semblable à la gravitation qui tend à réunir sans cesse les parties séparées de la matière, la nécessité rassemblera bientôt en corps de société les nouveaux Colons ; bientôt ils trouveront dans

L'Abbé Raynal.

proie, & le combattant lui-même, semblent vouloir se rendre les dominateurs de ce globe dont il croit être le maître. L'homme dans cet état, seul & abandonné à lui-même, ne pouvoit rien pour sa conservation. Il a donc fallu qu'il se réunît & s'associât avec ses semblables, pour mettre en commun leur force & leur intelligence. C'est par cette réunion qu'il a triomphé de tant de maux, qu'il a façonné ce globe à son usage, contenu les fleuves, asservi les mers, assuré sa subsistance, conquis une partie des animaux, en les obligeant de le servir, & repoussé les autres loin de son empire, au fond des déserts ou des bois, où leur nombre

Sans doute il faut bien que les ames accoutumées à la bassesse & à l'injustice, en viennent enfin à commettre naturellement & presque sans réflexion des actions basses & injustes. Comment pourrions-nous expliquer autrement la rupture de l'Angleterre avec la Hollande ?

Le Sens Commun.

des avantages communs & dans leur soulagement mutuel les fruits de leur union; & tant qu'ils resteront parfaitement les uns par rapport aux autres, dans les bornes de la justice, ils pourront se passer de Gouvernemens & de Loix. Mais comme, si l'on en excepte les perfections célestes, il n'y a rien que le vice ne puisse altérer ou corrompre, il arrivera nécessairement qu'à mesure qu'ils auront surmonté les premières difficultés de leur établissement, qui les attachoient tous à la cause commune, l'affection réciproque diminuera par dégrés; ils se réfroidiront dans la pratique de leurs devoirs moraux; & ce premier relâchement sera pour eux le signe indubitable de la nécessité d'établir une forme de Gouvernement, qui puisse remplacer les vertus qu'ils auront perdues.

L'Abbé Raynal.

diminue de siècle en siècle. Ce qu'un homme seul n'auroit pû, les hommes l'ont exécuté de concert, & tous ensemble ils conservent leur ouvrage. Telle est l'origine, tels sont l'avantage & le but de la Société.

Le Gouvernement doit sa naissance à la nécessité de prévenir & de réprimer les injures que les associés avoient à craindre les uns des autres. C'est la sentinelle qui veille pour empêcher que les travaux communs ne soient troublés.

Pour bien connoître la politique qui détermina le miniſtère Britannique dans cette occaſion, il faut ſavoir quelle idée l'on avoit en Angleterre des diſpoſitions du Peuple Hollandois, & déduire de cette connoiſſance les ſuites qu'on ſe promettoit d'une telle démarche.

Si les Miniſtres Anglois avoient penſé que la Hollande prendroit ſérieuſement le parti de s'allier avec la France, l'Eſpagne & l'Amérique, jamais ils n'auroient oſé la provoquer : Cette conduite eût été en politique le comble de la folie, à moins qu'ils ne ſe proposâſſent d'empirer tellement par là leur condition, qu'elle pût leur ſervir un jour de prétexte pour ſe juſtifier à leurs propres yeux des nombreux ſacrifices qu'ils ſe verroient obligés de faire au monde. Il y a dans quelques hommes une certaine tournure d'eſprit qui les porte à rechercher des raiſons ſpécieuſes pour colorer leur foibleſſe, comme un vaiſſeau déſemparé dans le combat, attend avec impatience pour amener ſon pavillon, l'approche d'un ennemi ſupérieur. Je ne rechercherai point ſi cette conduite a ſon principe dans la grandeur ou dans la foibleſſe de l'ame ; je pencherois plutôt cependant vers la dernière ſuppoſition, puiſque ſans doute ces miſérables fineſſes ſont toujours le réſultat d'une incapacité ſentie de ſupporter dignement l'infortune quelle qu'en puiſſe être la cauſe.

Au reſte, les démarches ultérieures des Miniſtres Anglois, ont bien montré que ce n'étoit pas-là le but de leur politique ; & par conſéquent il faut chercher ailleurs les motifs de leur première conduite avec la Hollande.

La vérité du fait, eſt qu'ils avoient conçu de cette Nation l'idée la plus mépriſable. Ils regardoient les Hollandois comme des hommes prêts à ſe ſoumettre à tout, & qu'on pouvoit inſulter ou dépouiller à ſon gré, ſans avoir rien à craindre de leur reſſentiment.

Cette opinion du cabinet Anglois explique parfaitement ſa conduite dans cette occaſion : Il ſuppoſoit, qu'après avoir volé à la Hollande quelques millions ſterling à la ſuite des premières hoſtilités, il pourroit facilement faire la paix avec elle aux conditions qu'il lui plaîroit d'impoſer. Effectivement il n'eut pas plutôt rempli ſes vues de pillage, qu'il fit des propoſitions d'accommodement qui furent rejettées.

Quand une fois les ames perdent le ſentiment de leur propre dignité, elles deviennent incapables de juger convenablement de celles d'autrui. La guerre d'Amérique a forcé l'Angleterre à tant de démarches abſurdes, que rapportant la conduite des autres à la ſienne, elle ne ſait plus voir en quoi conſiſte ailleurs la dignité nationale : ici, par exemple, elle attendoit de la Hollande la ſoumiſſion & la duplicité dont ſouvent elle-même avoit donné des preuves dans le courant de la guerre.

Il ſemble que ce ſoit une choſe dangereuſe & nullement politique de s'allier avec la Grande Bretagne, la Hollande & l'Amérique ſont des preuves de la vérité de cette obſervation : que ces pays s'allient avec la France ou l'Eſpagne, l'Angleterre ne manquera pas de les rechercher & de les traiter avec reſpect; qu'ils s'allient au contraire avec elle, elle ſaiſira la première occaſion de les inſulter & de les dépouiller. Dans le premier cas, elle craint des offenſes à cauſe de leurs protections; dans le ſecond, elle ne craint rien. Voilà quel a toujours été juſqu'à préſent le principe de ſa conduite.

Un autre événement qui a eu lieu depuis la publication de l'Ouvrage de l'Abbé Raynal, & même depuis le temps où j'ai commencé cette Lettre, eſt le renouvellement du Miniſtère Anglois. On ne ſait point encore quel parti prendra le nouveau cabinet par rapport à l'Amérique, & c'eſt dans le fond, une choſe aſſez peu intéreſſante, à moins qu'il ne ſoit ſérieuſement diſpoſé à favoriſer la concluſion d'une paix générale & honorable.

L'expérience a démontré, que c'eſt non-ſeulement une choſe impraticable de conquérir l'Amérique, mais qu'il ſeroit encore plus difficile de ſoumettre ſon génie, & de la ramener à ſon ancienne façon de penſer. Depuis le commencement de la guerre, c'eſt-à-dire, depuis environ huit ans, des milliers de nos jeunes gens ſont devenus hommes; ces nouveaux citoyens ne connoiſſent rien de l'Angleterre que ſon inimitié barbare : ils jugent de l'indépendance de l'Amérique, comme un Anglois juge du Gouvernement d'Angleterre; ils la regardent comme la baſe de la conſtitution naturelle & primitive du pays; d'un autre côté, des milliers de nos vieillards imbus des préjugés Anglois, ont déjà quitté, ou quittent tous les jours les affaires & la vie. La ſucceſſion naturelle des générations diminue chaque jour les avantages des Anglois. Le temps & la mort, ces implacables ennemis, les combattent

BIBLIOTHÈQUE ROYALE I

ſans relâche ; & les relevés des morts dans toutes les parties de l'Amérique, ſont les Thermometres les plus sûrs du déclin de leur puiſſance. Dès leurs berceaux, au milieu de leurs jeux, nos enfans s'accoutument à les entendre nommer, à les nommer ennemis ; une tradition fidelle leur tranſmet l'hiſtoire de nos misères ; ils ne voient autour d'eux que des maiſons brûlées, des campagnes ruinées ; on ne les entretient que de leurs pères, de leurs oncles, de leurs parens maſſacrés ; & la première leçon de leur première enfance, ſe trouve dans ces cruelles paroles : *tous ces maux furent l'ouvrage des Anglois !*

Les Politiques Anglois, qui ne s'occupent que des intérêts actuels de l'Angleterre, & qui ne conſidèrent pour ainſi dire dans l'homme, que l'âge de la force & des affaires, ne font pas aſſez d'attention à ce cours naturel des choſes, parce qu'ils ne traitent chez eux qu'avec des contemporains, ils ne penſent pas à la génération qui s'élève en Amérique, qu'ils ne pourront connoître, & dont ils ne pourront être connus : dans peu d'années tous les ſouvenirs ſeront effacés ; à peine connoîtra-t-on, à peine demandera-t-on parmi nous, les noms des Rois ou des Ministres qui gouverneront l'Angleterre.

La nouvelle administration angloise, est composée de personnes qui ont toujours été contraires à la guerre, & qui ont constamment désapprouvé les mesures violentes des anciens Ministres; elles considéroient la guerre d'Amérique comme nuisible à leurs prétentions, & s'y opposoient sur ce principe; mais que font toutes ces choses à l'Amérique? Elle n'a rien à démêler avec les particuliers; les intérêts privés, les motifs secrets ou publics, doivent lui être également indifférens; elle ne connoit en Angleterre que la nation entière, avec laquelle ellle doit faire la guerre ou la paix.

Quand chaque Ministre Anglois seroit un *Chatam*, cela n'influeroit en rien sur notre politique. La mort a assuré à la mémoire de cet homme d'Etat une réputation qu'il eût perdue par une plus longue vie; les idées qu'il avoit adoptées, & les plans qu'il forma vers la fin de sa carrière, auroient été suivis de conséquences aussi funestes pour l'Amérique, & surement aussi mal reçues des Américains, que ceux même du Lord North; & l'on peut y remarquer d'ailleurs tant de contradictions, d'inconséquences ou même d'absurdités, qu'on a peine à se persuader qu'ils aient été l'ouvrage d'un homme de bon sens.

Il y a grande apparence que beaucoup de Membres de la dernière minorité, ont supposé que l'Amérique recevroit volontiers d'eux, s'ils étoient en place, des conditions dont elle ne voulut pas même entendre parler quand elles lui furent proposées par l'ancienne administration. Cette idée, s'ils l'ont eue, ne peut servir qu'à prolonger la guerre ; & l'Angleterre ne tardera pas à reconnoître, par la perte de plusieurs millions, le danger de ces sortes d'erreurs. Au reste si les nouveaux Ministres savent éviter prudemment les dangers de cette politique désespérée, ils prouveront par-là qu'ils sont en effet meilleurs Pilotes que ne le croit le monde, qui s'attend à chaque jour à voir leur barque fragile se briser sur la pointe de quelqu'écueil caché.

Il y a cependant un point sur lequel ils peuvent se montrer véritablement grands ; ils n'ont pas besoin pour cela d'une ouverture plus brillante, & jamais ils ne peuvent trouver une occasion plus favorable d'exercer leur grandeur d'ame & leur humanité.

La Nation Angloiſe a beſoin d'une réforme totale, qui lui donne en quelque ſorte une ame nouvelle, un cœur plus vaſte & capable de contenir tout l'univers. Elle ſe procureroit à la fois un bonheur plus durable & plus de richeſſes réelles, ſi, loin de ſe renfermer dans les bornes d'une Iſle, & d'être en guerre avec le reſte du monde, elle ſe mêloit paiſiblement avec les autres Peuples, & pouvoit dire un jour, avec ſincérité, je ne ſuis l'ennemi d'aucun d'entr'eux. Le temps des ruſes & de la politique artificieuſe eſt paſſé. L'Europe a trop d'expérience, & l'Amérique eſt trop ſage pour s'y laiſſer prendre déſormais. Il n'y a plus à préſent qu'un plan vaſte, neuf & profondément combiné, qui puiſſe réuſſir. Employer la ſéduction pour déterminer l'Amérique à renoncer à ſon indépendance, ou chercher à la détacher de ſes Alliés par la corruption, ſont de miſérables manœuvres, indignes d'un grand génie, & que des cœurs honnêtes dédaigneroient de tenter. Ce ſeroit une déteſtable politique que celle qui ne s'appliqueroit qu'à dégouter les hommes de l'innocence & de la vertu; le Miniſtre qui ſe conduiroit ſur de ſemblables principes, ne ſeroit qu'un lâche apposté pour abuſer du pouvoir ; & dont le caractère pourroit être désigné par les qualifications les plus odieuſes.

Si les diſpoſitions de l'Angleterre ſont telles, qu'elle ne veuille pas concourir aux vues d'une paix honorable & générale, & ſi la guerre doit continuer, je ne puis m'empêcher de ſouhaiter que les Alliés actuels de l'Amérique, ou ceux qu'elle peut acquérir un jour, ſe trouvent ſeuls en butte à ſes fureurs. Avec quelle joie nous embraſſerions une occaſion de prouver au monde que l'honneur nous eſt auſſi cher que la liberté ; & que nous n'abandonnerons jamais dans aucune ſituation, ceux qu'aucunes conſidérations ne purent porter à nous abandonner. La paix eſt ſans doute un objet deſirable aux yeux de tout homme capable de réflexion ; mais *cette paix*, qui ne peut s'acheter qu'aux dépens de l'honneur, ſouille d'un crime celui qui la propoſe, & devient une malédiction pour celui qui l'accepte.

Mais ſeroit-il impoſſible, ſeroit-il même très-difficile d'amener l'Angleterre à former une liaiſon durable avec la France & l'Eſpagne, & de l'engager à renoncer pour toujours à ces préjugés invétérés qu'elle a trop écoutés juſqu'à préſent, & qui la précipitant dans des guerres infructueuſes, n'ont ſervi qu'à raſſembler ſur elle le fardeau d'une dette immenſe, en même temps qu'ils ont empoiſonné ſon repos & détruit ſes mœurs? Nous avons porté comme elle le joug peſant de ces mêmes préjugés; mais l'expérience nous a montré notre erreur, & de plus juſtes réflexions nous en ont entièrement corrigés.

L'idée d'une Nation véritablement grande, renferme néceſſairement les principes de la Société univerſelle. Un tel Peuple ne meſure point l'étendue de ſes affections ſur celle des lieux; il conſidère généralement les hommes de tous les pays & de toutes les conditions, comme l'ouvrage du même Créateur. La rage des conquêtes a dominé, le règne des vertus aimables ne peut-il avoir ſon tour? Les Alexandre & les Céſar de l'antiquité n'ont laiſſé derrière eux que des monumens de deſtruction & leur mémoire eſt en horreur: tandis que tous les Peuples & tous les âges paieront un tribut de reconnoiſſance éternelle à ces génies bienfaiſans, qui les premiers enſeignérent aux hommes les ſciences & les douceurs de la Société. Je ne crains pas de le dire, un ſeul Philoſophe, même au milieu des ténèbres du Paganisme, fit cent fois plus de bien au monde que n'en firent jamais tous les Conquérans.

Si la révolution à laquelle nous devons notre indépendance doit un jour être distinguée des autres révolutions, comme ayant servi de premier fondement à l'établissement d'un nouveau systême de civilisation générale, ce sera la marque la plus évidente qu'elle puisse recevoir de l'approbation céleste ; & comme ce sujet s'accorde parfaitement avec les talens de l'Abbé Raynal, je le recommande à son génie avec l'affection d'un ami, & l'ardeur d'un citoyen de l'univers.

POST-SCRIPTUM.

Depuis la conclusion de la lettre précédente, quelques bruits relatifs à la pacification générale, sont parvenus jusqu'en Amérique. Je ne considère point les fondémens de ces bruits, non plus que l'éloignement ou la proximité de l'événement qu'ils annoncent ; mais comme cette matière doit devenir tôt ou tard un objet d'attention sérieuse, il ne sera pas hors de propos d'examiner dès-à-présent, avec impartialité, quelques points qui ramènent naturellement à ce ſujet, ou qui ſont liés avec lui.

L'indépendance de l'Amérique eſt à préſent établie ſur des fondemens auſſi ſolides que celle d'aucun autre pays actuellement en état de guerre. Ce n'eſt pas le temps, c'eſt le pouvoir qui donne de la conſiſtance aux Gouvernemens. Les Nations en guerre s'informent peu de leur ancienneté réciproque. C'eſt ſur leur force immédiate; c'eſt ſur leurs alliances, qu'elles doivent fonder l'eſpoir de leur conſervation & de leur durée. A quoi l'on peut ajouter, que les droits les plus nouveaux étant auſſi-bien des droits que ceux qui ſont conſacrés par des milliers d'années; l'indépendance de l'Amérique, quoique nouvellement acquiſe, n'en eſt pas moins ſolide; de même que la liberté de l'Angleterre, n'eſt ni plus aſſurée, ni plus inébranlable, par cela ſeul qu'elle eſt anciennement établie.

Les opérations politiques de l'Angleterre, par rapport à l'Amérique, furent conçues par la folie, & exécutées par la rage. On n'y ſauroit remarquer une ſeule démarche qui porte le moindre caractère de raiſon. Dans la guerre, elle ſemble n'avoir dirigé ſes efforts que pour nuire & pour exciter la haine. Dans ſes propoſitions d'accommodement, elle a découvert une ignorance totale des hommes, & de ces principes naturels & inaltérables par leſquels ils ſont ſi généralement gouvernés. Comment ſe conduira-t-elle dans les négociations de paix, préſentes ou futures? C'eſt au temps à nous l'apprendre.

C'eſt un miſérable politique que celui qui ne connoît pas la nature humaine, & qui ne ſait pas prévoir les effets que doivent produire ſur les eſprits les meſures du Gouvernement. Toutes les fautes de la Grande-Bretagne ont eu leur ſource dans cette ignorance. L'ancien Miniſtère agiſſoit comme s'il eût penſé que les hommes *n'ont point d'ame*. Le Miniſtère actuel agit comme ſi l'Amérique *n'avoit point de mémoire*, Les uns nous croyoient incapables de ſentir les injures, les autres ſuppoſent que nous n'en pouvons conſerver le ſouvenir.

Mais une autre erreur, dans laquelle les Politiques ne laiſſent pas de tomber quelquefois, c'eſt de calculer mal, ou plutôt de juger mal les ſuites que peut avoir une circonſtance donnée. Il n'y a rien de plus commun, même dans le cours ordinaire de la vie, que de rencontrer des gens qui ſe plaignent de ce que tels ou tels moyens ont produit des effets directement opposés à leurs vues, sans faire attention qu'ils ne devroient attribuer ces mécomptes qu'à la fausseté de leur jugement, puisque dans le fond, une cause quelconque ne peut jamais produire autre chose que ses conséquences naturelles.

Il est fort probable que dans un Traité de paix, l'Angleterre s'efforcera de se ménager quelques postes dans l'Amérique septentrionale, soit le Canada, soit Halifax, & peut-être l'un & l'autre. Je fonde cette conjecture sur la connoissance d'un vice ordinaire de sa politique qui, dans le choix des moyens, l'a toujours porté à se décider pour ceux dont l'effet naturel devoit être contraire à ses intérêts & à son attente. Dans le fond, tout se réduit pour elle à examiner si ces établissemens sont dignes de son attention ; & sur-tout quelles en seront les suites en supposant qu'elle parvienne à se les conserver.

Par rapport au Canada, il arrivera nécessairement l'une de ces deux choses ; ou le pays se peuplera, & les Peuples ne tarderont pas à secouer le joug ; ou il ne se peuplera pas, & sous ce point de vue, il ne mérite certainement ni les frais, ni les peines de l'entretien & de la conſervation. On en peut dire autant d'Hallifax ou des contrées voiſines; mais dans le fond ces ſpéculations ſont inutiles; & les plans qu'on pourroit former d'après l'une ou l'autre des ſuppoſitions précédentes ſeront toujours vains & ſans effet. Le Canada ne ſe *peuplera jamais*, du moins pour l'Angleterre; la nature ſeule dirigera le cours des événemens dans ces climats, & fixera leur ſort dans l'avenir.

L'Angleterre peut envoyer à grands frais des Colons dans le Canada, mais les deſcendans de ces Colons ſeront Américains comme nous. Ils regarderont autour d'eux, ils verront les Etats voiſins ſouverains & libres, reſpectés au-dehors, & faiſant un commerce immenſe avec le reſte du monde. Alors l'amour naturel de la liberté, les avantages du commerce, les douceurs de l'indépendance, d'un climat moins rigoureux & d'un ſol plus riche, les attireront vers le midi; & l'Amérique finira par recueillir le fruit des peines & des dépenſes que l'Angleterre aura prodiguées.

Il ſemble que l'épreuve qu'elle vient de faire, auroit dû la dégoûter entièrement de tout projet d'établir d'établir des Colonies sur le continent. Le moindre espace qu'elle y conservera ne fera qu'exciter la jalousie, & ne lui produira que des querelles & des débats. Il faudra qu'elle lutte perpétuellement contre des hommes toujours prêts à se révolter, & qui réclameront sans cesse leurs priviléges & leurs droits. Elle peut former de nouveaux établissemens, ces établissemens seront pour nous. Ils ne tarderont pas à faire partie des Etats-Unis d'Amérique; & cela par le cours naturel des choses, sans effort, sans artifice de notre part, & sans qu'elle puisse y mettre le moindre obstacle. Quand ces Colonies nouvelles seront devenues assez riches pour qu'elle puisse espérer d'en retirer des revenus, elles seront dès-lors assez puissantes pour se soustraire à sa domination. Les hommes s'attachent bientôt à la terre qui les nourrit; ils s'incorporent, pour ainsi dire, avec la prospérité locale; les idées qu'ils auront apportées seront bientôt effacées par le temps, l'intérêt, les liaisons nouvelles; & la génération suivante n'en aura pas même entendu parler.

Si l'Angleterre étoit sage, elle saisiroit cette occasion de se débarrasser elle-même de tous ſes établiſſemens dans le nord de l'Amérique ; & cela, non-ſeulement pour éviter à l'avenir les démêlés & les brouilleries, mais encore pour s'épargner des dépenſes ; car pour m'expliquer franchement ſur ce ſujet, je ne penſe pas qu'aucune Puiſſance Européenne fit ſagement d'accepter le Canada, aux conditions ſous leſquelles l'Angleterre peut le conſerver ; & dans le fait, ces ſortes d'établiſſemens ſont & ſeront conſtamment à charge à tout propriétaire étranger.

Quant à Hallifax, la guerre étant finie, & les Etats-Unis étant à la fin perdus pour l'Angleterre, cette place lui devient entièrement inutile. Un port dont on n'avoit beſoin que pour le maintien du pouvoir, ne peut être qu'un objet de dépenſe quand ce pouvoir eſt entièrement perdu. Je ne doute pas qu'il n'y ait en Angleterre bien des gens perſuadés que ces ſortes de places ſont un avantage pour la Nation ; tandis qu'au fond, bien loin de lui rapporter la moindre choſe, elles lui enlèvent au contraire annuellement une partie conſidérable de ſes revenus pour les frais de leur entretien.

Gibraltar eſt encore une autre preuve du vice

de la politique Angloiſe; un poſte dont on n'a pas beſoin en temps de paix, & qui ne peut être d'aucune utilité pendant la guerre, eſt un poſte entièrement inutile : loin de pouvoir ſervir à la ſûreté des flottes, Gibraltar a beſoin au contraire d'être défendu par une flotte ; & ſi l'on ſuppoſe que parce qu'il commande l'entrée de la Méditerranée ; il donne auſſi l'empire de cette mer & du commerce qu'on peut y faire ; la fauſſeté de cette ſuppoſition eſt démontrée par le fait, puiſque les Anglois, quoique maîtres de cette fortereſſe, n'en ont pas moins perdu tous les avantages dont je viens de parler. Dire que cela n'arrive que parce que la place eſt aſſiégée par terre & par mer, c'eſt ne rien dire, car cela aura toujours lieu en temps de guerre, toutes les fois qu'elle ſera au pouvoir de l'Angleterre, & que la France & l'Eſpagne entretiendront des flottes ſupérieures. Ainſi, quoique d'une part ce rocher inacceſſible puiſſe toujours être conſervé par les uns, il eſt toujours au pouvoir des autres de le rendre inutile, & même à charge à ſes défenſeurs.

Je ſuppoſe qu'un des principaux objets de l'Eſpagne en aſſiégeant Gibraltar eſt de montrer aux Anglois, que quoiqu'elle ne puiſſe s'en emparer, elle peut néanmoins interdire l'entrée de ſon port à leurs flottes, & les priver ainſi des ſeuls avantages qu'ils puiſſent tirer de cette place. Mais dans le fond, le moyen le plus court de la réduire eſt d'attaquer la flotte Angloiſe; le fort de Gibraltar dépend de la flotte qui le protège, comme la vie d'un oiſeau dépend de ſes ailes; la bleſſure qui lui en ôte l'uſage, le force en même-temps à mourir de faim.

Un autre fait ſur lequel les Anglois non-ſeulement n'ont pas réfléchi, mais qu'ils ſemblent même ignorer entièrement, c'eſt la différence eſſentielle qui ſe trouve entre la puiſſance permanente & la puiſſance accidentelle des Nations.

Par puiſſance permanente, j'entends la force naturelle, inhérente & perpétuelle d'un peuple, continuellement exiſtante, quoiqu'elle n'agiſſe pas toujours, ou que ſouvent même elle ſoit mal dirigée; & par puiſſance accidentelle, j'entends l'uſage heureux & momentané qu'une nation fait de ſes forces, en tout ou en partie.

Il y a eu ſans doute un temps, où toute nation Européenne, maîtreſſe ſeulement de huit ou dix vaiſſeaux de guerre, ſemblables à nos vaiſſeaux de ligne actuels, pouvoit par ce moyen porter la terreur chez les autres peuples, qui n'avoient pas encore commencé à ſe former une marine, quelques fuſſent d'ailleurs pour cela leurs forces & leurs reſſources naturelles. Une telle puiſſance ne devoit être conſidérée que comme accidentelle, elle n'étoit point la meſure réelle de la force nationale ; elle ne pût durer qu'autant de temps que les autres peuples n'eurent pas conſtruit un nombre égal ou plus conſidérable de vaiſſeaux. Dès qu'ils eurent atteint cette égalité, il fallut augmenter continuellement les flottes pour conſerver l'Empire ; & c'eſt ainſi que le nombre des vaiſſeaux s'eſt multiplié par dégrés, ſuivant l'exigence des temps & des occaſions. Cette manière d'envisager les choſes, réduit tout ce me ſemble à cette queſtion : quelle eſt la Puiſſance qui peut bâtir & entretenir le plus grand nombre de vaiſſeaux ? La réponſe naturelle, eſt ſans doute, que c'eſt celle qui a les plus grands revenus & le plus grand nombre d'habitans, pourvu qu'elle ait d'ailleurs, par la poſition de ſes côtes, les moyens & les commodités néceſſaires.

La France étant un Royaume dans le Continent de l'Europe, & l'Angleterre une Isle dans son voisinage ; cette différence de position dut nécessairement entraîner une différence d'idées dans les Peuples de deux Empires. Les habitans de la Grande Bretagne ne pouvoient faire aucun commerce étranger, ni s'éloigner de chez eux sans le secours de la navigation ; il n'en étoit pas ainsi de la France ; c'est pourquoi l'idée de construire une marine, ne fut point pour elle comme pour l'Angleterre, le résultat immédiat de la nécessité : nous examinons seulement ici laquelle des deux Puissances doit l'emporter sur l'autre, dès qu'elles auront tourné vers le même objet leur industrie & l'emploi de leurs revenus.

La France jouit d'un revenu à peu près double de celui de la Grande Bretagne, & contient plus de deux fois autant d'habitans : elles ont l'une & l'autre la même étendue de côtes sur le canal ; la France possède en outre plusieurs centaines de milles sur la baye de Biscaye, des ports dans la Méditerranée ; & l'expérience prouve tous les jours que la pratique & l'exercice, forment des matelots comme des soldats, dans tous les pays du monde.

Si donc l'Angleterre peut entretenir cent

vaisseaux de ligne, la France en peut facilement entretenir cent cinquante, puisque telle est à peu près la proportion naturelle qui se trouve entre les moyens des deux Empires. Si la France n'a pas encore déployé toutes ses ressources maritimes, c'est que jusqu'à ces derniers temps elle ne s'étoit pas assez occupée de ces objets; mais sitôt qu'elle aura reconnu, comme elle le reconnoît sans doute à présent, qu'une marine puissante est le premier ressort du pouvoir, elle est en état de faire des efforts qui lui assureront incontestablement la supériorité.

L'Angleterre suppose faussement & malheureusement pour elle-même, que parce qu'elle eut des avantages sur la France quand la marine françoise étoit inférieure à la sienne, il est impossible qu'elle perde jamais la supériorité; tandis qu'il est facile de voir, que la France n'a jamais développé toutes ses forces navales, & qu'elle peut un jour surpasser autant la Grande Bretagne par le nombre de ses vaisseaux, qu'elle la surpasse dès-à-présent par ses revenus & sa population; & c'est alors que celle-ci pourra déplorer les jours, où par son insolence & son injustice, elle força la France à donner enfin tous ses soins à la perfection de sa marine.

Il eſt au pouvoir des flottes combinées de s'emparer de toutes les Iſles des Indes occidentales, & de rendre inutiles dans ces parages toutes les forces navales des Anglois. Si la France & l'Eſpagne veulent envoyer vers ces Iſles tous les vaiſſeaux qu'elles ont en Europe, il ne ſera pas au pouvoir de l'Angleterre de leur oppoſer l'égalité ; elle ſera toujours inférieure de vingt ou trente vaiſſeaux, quand même elle ne s'en réſerveroit aucun pour la défenſe de ſes côtes, & ſon commerce étranger ſe trouveroit alors expoſé ſans défenſe aux efforts des Hollandois.

C'eſt une maxime qui, je penſe, ſera toujours regardée comme vraie, & plus particuliérement encore, en fait d'opérations navales, qu'il ne faut jamais qu'une grande puiſſance agiſſe par détachements s'il lui eſt poſſible de l'éviter : elle doit au contraire réunir toutes ſes forces, & les diriger vers quelqu'objet important, dont le gain puiſſe avoir une influence déciſive ſur la guerre. Si les Eſpagnols & les François avoient envoyé, le Printems dernier, tous leurs vaiſſeaux aux Indes occidentales, ils s'y ſeroient emparés de toutes les Iſles, & de la flotte entière de Rodney qui ſeroit à préſent

leur

leur prisonnier. Ils avoient encore outre l'avantage du nombre, celui de pouvoir faire subsister facilement leurs flottes, en tirant des Etats-Unis toutes les provisions nécessaires, sans être obligés comme les Anglois de les faire venir d'Europe.

La fortune a donné quelques avantages aux Anglois, qu'ils n'étoient pas en droit d'attendre de l'infériorité de leurs flottes; car quoiqu'elles aient fui devant les flottes combinées, cependant Rodney a eu le bonheur de rencontrer deux fois des escadres détachées, auxquelles il étoit supérieur en nombre; la première, à la hauteur du Cap Saint Vincent, où il avoit presque deux vaisseaux contre un, & la seconde, aux Indes Occidentales, où il avoit six vaisseaux de plus que l'ennemi. Les victoires de cette espèce se remportent pour ainsi dire d'elles-mêmes, on les gagne sans gloire, on les perd sans honte, & tout l'honneur en est au hasard, & non pas aux talens du vainqueur. Le même Amiral qui remporta ces avantages, n'avoit pu dans trois engagemens précédens faire la moindre impression sur une flotte égale à la sienne. (1)

(1) Voyez les détails soit en Anglois, soit en François, des trois actions qui se passèrent aux Indes

L'insolence des Nations excite la haine aussi bien que celle des individus, & si l'Angleterre a beaucoup d'ennemis, on peut dire qu'elle a prodigué l'injure ; le ton du dédain & de la partialité qui caractérise sa Cour, se fait sentir particuliérement dans ces ouvrages qui se répandent à l'occasion des Anniversaires du Roi, & des renouvellemens d'années ; misérables pamphlets, destinés à éblouir un moment la multitude & à révolter les gens de goût ; & ces offenses clandestines, jointes au souvenir des anciennes vexations & des insupportables injustices qu'elle exerça sur les mers, lui ont fait enfin des ennemis de tous les peuples commerçans. Ses flottes n'étoient que l'instrument de ses rapines ; elle agissoit sur la surface de la mer, comme le requin dans le fonds de ses gouffres. D'un autre côté, les puissances combinées prennent la défense de la Cause commune, & rendront leur gloire immortelle, en rétablissant la liberté de l'Océan que toutes les Nations sont également intéressées à maintenir. Les mers sont les grands chemins du monde, & quiconque y réclame des privilèges exclu-

---

Occidentales, entre le Comte de Guichen & l'Amiral Rodney en 1780.

ſifs, uſurpe les droits des autres peuples, & mérite d'être puni par eux.

Il ſeroit peut-être utile à la tranquillité du genre humain, d'inſérer dans le prochain Traité de paix générale, un article en vertu duquel aucune Nation ne pourroit poſſéder en temps de paix plus d'un certain nombre de vaiſſeaux de guerre. Il ſemble qu'on ait beſoin aujourd'hui de quelque précaution de cette eſpèce, ſans laquelle le goût effréné pour la Marine, qui règne univerſellement, entraînera bientôt la moitié du monde ſur les mers; & je ne vois plus de raiſon qui puiſſe arrêter déſormais les progrès de cette manie, & prévenir l'accroiſſement des flottes. Une ſemblable convention ſeroit d'autant plus utile, qu'un peuple ne perfectionne effectivement ni ſes vertus ni ſes mœurs, par l'éclat ou par la puiſſance de ſa Marine. Au contraire, la vie retirée qu'exige le ſervice maritime, privant ceux qui s'y conſacrent des moyens de connoître la ſociété, n'eſt que trop propre à leur faire contracter une certaine groſſièreté d'idées & de langage, & cela ſe fait plus remarquer encore dans la Marine militaire que dans la Marine marchande, qui du moins par ſon objet, fournit aux individus qu'elle emploie quelques occaſions de ſe mêler avec les hommes & de les connoître. Au reste, cette remarque convient également aux Marins de tous les pays, & ne peut s'appliquer aux uns plutôt qu'aux autres.

L'Angleterre vient de faire une épreuve de plus de sept ans, qui lui a couté plus de cent millions sterling; chaque mois qu'elle diffère à conclure la paix, lui enlève un million sterling, sans compter les frais ordinaires de son Gouvernement, qui vont aussi à un million sterling, ce qui porte sa dépense de chaque mois à deux millions sterling: qu'on observe à présent, qu'il n'en coute pas davantage à l'Amérique, pour les frais d'une année entière, toutes charges comprises; & qu'on juge qui des deux est le plus en état de continuer la dépense.

La Grande Bretagne doit d'ailleurs des réparations à tous les Peuples, pour les outrages qu'elle leur a faits dans toutes les parties du monde; & ce qu'elle a de mieux à faire désormais, c'est de renoncer à cette conduite arrogante, qui ne peut que lui assurer la haine générale; de réformer ses mœurs, de diminuer ses dépenses, & de vivre en paix avec ses voisins.

Philadelphie, le 21 Août 1782.

BIBLIOTHÈQUE ROYALE
F-F-N.

www.ingramcontent.com/pod-product-compliance
Lightning Source LLC
LaVergne TN
LVHW050417160826
845677LV00002BA/405

9782329776873